基本をマスター！
# お料理はじめて
## 和食編
### 107のやさしいレシピ
Japanese food

渡邊 香春子 監修

# お料理はじめて ～和食編～

## Contents

**基本作業のポイント**・・・6
**基本知識**・・・8
計量方法・・・8
火加減、油の温度、水加減・・・9
材料の切り方・・・10

## 懐かしいおかず

**野菜**
肉じゃが・・・14
筑前煮・・・16
ひじきの五目煮・・・18
かぼちゃの煮物・・・20
切り干しだいこんの煮物・・・21
きんぴらごぼう・・・22
さといもの煮物・・・23
おでん・・・24
ふろふきだいこん・・・26
だいこんの皮の即席漬け・・・27

**肉**
豚肉のしょうが焼き・・・28
鶏肉のから揚げ・・・30
豚の角煮・・・32
とんかつ・・・34
牛肉とごぼうの煮物・・・35
手羽先とじゃがいもの煮物・・・36
肉の保存方法・・・37

**魚介**
あじの塩焼き・・・38
さばのみそ煮・・・40
いわしのつみれ汁・・・42
いわしの梅煮・・・44
わかさぎの南蛮漬け・・・45
金目鯛の煮つけ・・・46
魚の保存方法・・・47

**大豆加工食品**
肉豆腐・・・48
うの花・・・50
高野豆腐・・・52
揚げだし豆腐・・・53

**卵**
茶わん蒸し・・・54
だし巻き卵・・・56
卵焼きのバリエーション
　かに玉風卵焼き・・・57
　ほうれん草入り卵焼き・・・57
　目玉焼き・・・58

## もう一品ほしい時のおかず

### 野菜
ほうれん草のごま和え･･･60

**和え物のバリエーション**
　アスパラガスのごまマヨネーズ和え･･･62
　ぬた･･･63
　なすといんげんのごまみそ和え･･･63
こまつなのお浸し･･･64
こまつなの煮浸し･･･65
つまみなのお浸し･･･65
浅漬け･･･66
れんこんのきんぴら･･･67
ひじきのサラダ･･･68
わかめときゅうりの酢和え･･･69
白和え･･･70
しいたけとこんにゃくの煮物･･･71
やまいもの梅和え･･･72
なすの辛子酢漬け･･･73
だいこんのサラダ･･･74
れんこんの挟み揚げ･･･75
ブロッコリーのかにあんかけ･･･76
焼きなす･･･77
にんじんのサラダ･･･78
やまかけ･･･79

### 肉
和風ハンバーグ･･･80
豚肉のアスパラガス巻き･･･82
蒸し鶏のサラダ･･･84
ささみのレモン和え･･･85
鶏肉のおろし煮･･･86
鶏つくねの照り焼き･･･87
豚しゃぶのサラダ･･･88
ベーコンともやしのカレー風味和え･･･89

### 魚介
たこときゅうりの酢和え･･･90
あさりの酒蒸し･･･91
貝柱とかぶ和え･･･92
かにとわかめのサラダ･･･93

### 大豆加工食品
豆腐ステーキきのこソースがけ･･･94
おからコロッケ･･･95
がんもどきとさつまいもの煮物･･･96
厚揚げのみそ炒め･･･97
豆腐のサラダ･･･98
納豆おくら和え･･･99

### 卵
卵豆腐･･･100
桜えびの炒り卵･･･101
温泉卵･･･102

## 一汁三菜の献立

鮭の塩焼きの献立・・・104
（＋厚揚げのみそ炒め＋わかめときゅうりの酢和え＋豚汁＋ごはん）
揚げ豚の薬味ソースがけの献立・・・105
（＋ブロッコリーのかにあんかけ＋ひじきの五目煮＋かき卵汁＋ごはん）
ぶりの照り焼きの献立・・・106
（＋筑前煮＋こまつなの煮浸し＋豆腐とわかめのみそ汁＋ごはん）
串揚げの献立・・・107
（＋かぼちゃの煮物＋だいこんのサラダ＋油揚げとこまつなのみそ汁＋ごはん）

いわしの蒲焼の献立・・・108
（＋うの花＋なすといんげんのごまみそ和え＋さといもとたまねぎのみそ汁＋ごはん）
和風ポトフの献立・・・109
（＋わかさぎの南蛮漬け＋きんぴらごぼう＋貝柱とかぶ和え＋ごはん）
魚のホイル焼きの献立・・・110
（＋肉豆腐＋浅漬け＋あさりのみそ汁＋ごはん）
あらとごぼうの炊き合わせの献立・・・111
（＋ほうれん草入り卵焼き＋切り干しだいこんの煮物＋じゃがいもとしいたけのみそ汁＋ごはん）
配膳の決まり・・・112
はしと茶わんの持ち方・・・112

### この本の決まり

● 表示している大さじは15cc、小さじは5cc、1カップは200ccです。
● 電子レンジの加熱温度は600Wの目安時間です。400Wの場合は1.5倍に、500Wの場合は1.2倍にしてください。機種によって違ってくることがあるので、様子を見ながら加減をしてください。
● 使っている卵はLサイズです。
● 使っているだし汁は、指定がない場合、かつおぶしと昆布で取っています。だしの取り方P.114を見てください。
● 使っているしょうゆは、指定がない場合、濃口しょうゆです。
● 基本的に2人分の材料表記になっていますが、料理によっては違うものがあります。表記をよく見てください。
● 材料表記は、料理がつくりやすいように、項目ごとにカッコでくくっています。

#### マークの説明

30分 料理をつくるのにかかる時間を表示しています。

Point つくり方のポイントになります。

## だしが決め手の汁物

おいしいだしの取り方…114
残っただしの材料でつくる一品…116
おいしい汁物をつくるポイント…117
便利なだしパック…117
だしの保存方法…117

豆腐とわかめのみそ汁…118
けんちん汁…119

みそ汁の具のバリエーション
 油揚げとこまつなのみそ汁…120
 じゃがいもとしいたけのみそ汁…120
 さといもとたまねぎのみそ汁…120
 豚汁…121
 あさりのみそ汁…121
 かき卵汁…121
汁物をおいしくする吸い口…122

## おなかがすいた時のごはん・麺

米の研ぎ方…124
ごはんの保存方法…124
梅がつおのおにぎり…125
おにぎりの具のバリエーション
 高菜とごまのおにぎり…126
 鮭としそのおにぎり…126
 みそ焼きのおにぎり…126
 明太子と長ねぎのおにぎり…127
 とろろ昆布巻きのおにぎり…127
 シーチキンとマヨネーズのおにぎり…127
親子丼…128
三色丼…129
五目炊き込みごはん…130
栗ごはん…132
いなり寿司…133
ちらし寿司…134
だいこんの葉とじゃこのごはん…135

麺の茹で方…136
麺類の保存方法…136
カレーうどん…137
卵そうめん…138
焼きうどん…139
薬味そば…140
きのこそば…141

Index…142

---

スタッフ
監修●渡邊香春子
アシスタント●飯田み小枝／黒内伸子／高岡久己
撮影●f-64写真事務所　上林徳寛
レイアウト●有限会社編集工房じゅわ樹
スタイリング●有限会社編集工房じゅわ樹
企画・編集●有限会社編集工房じゅわ樹
相坂柚火子／川田倫子／浅生京子
鎌谷善枝／大久保舞子

## これだけは知っておきたい
# 基本作業のポイント

「焼く」、「茹でる」、「揚げる」、「炒める」、「和える」それぞれの作業ごとのポイントを紹介
これらを知っていれば、料理がもっと上手になること間違いなし

## 焼く

**すぐに動かさない**

**盛りつける時に表になる側から焼く**

フライパンや鍋をしっかり温めてから材料を加える。たんぱく質が固まらないうちに動かしたり触ったりすると、肉や魚の表面が汚くなってしまうので、肉や魚の色が白っぽく変わってくるまでは、そのままにしておく。

肉類や魚類を焼く場合は、盛りつける時に表になる側から焼き始める。このようにすると仕上がりがきれいになる。一尾魚の盛りつけ方は、頭の部分が向かって左になるようにすること。焼く時は、焼き網やフライパンは充分に温めてから。

## 茹でる

**葉菜類は沸騰した湯に入れる**

**根菜類は水から茹でる**

ほうれん草やこまつななどの葉菜類は、鍋にたっぷりの水を入れて火にかけ、沸騰してから、野菜を入れて茹でる。好みの固さに茹だったら、水に放して、充分に冷ますこと。

じゃがいもやにんじんなどの根菜類は、水から茹でる。鍋に野菜を入れてから、かぶるくらいの水を加え、火にかける。

## 揚げる

**揚げ油の温度を正確にはかる**

揚げ物をする時は、それぞれの材料を揚げる温度になるまで、しっかりと揚げ油の温度を上げること。高温は180〜190℃、中温は170℃前後、低温は150〜160℃くらい。さいばしを油の中に入れ、目安を見ることもできるが、初心者は温度計を使う方がよい。

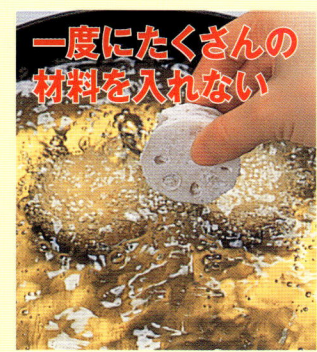

**一度にたくさんの材料を入れない**

鶏肉のから揚げや、れんこんの挟み揚げなど、材料を数多く揚げる場合は、揚げ油の中に一度にたくさんの材料を入れないこと。揚げ油の温度が一気に下がらないようにするため。材料を入れる目安は鍋の表面積の半分くらいにする。

## 炒める

**炒め物の基本は強火**

野菜類や肉類などを炒める時は、フライパンや鍋をしっかりと温めてから強火で一気に炒める。野菜類は時間をかけていると、水分が出てしまうので、仕上がりが水っぽくなり、味が落ちてしまう。

**鍋の温度が上がってから次の材料を加える**

いくつかの材料を炒める時は、最初に火が通りにくいものから炒め、次に材料を加える時は鍋の温度が元の温度くらいまで上がってから。温度が上がる前に次の材料を加えると、温度が下がる。

## 和える

**水気を充分に切る**

和え物をつくる時は、茹でた材料の水気を充分に切ることが重要。ほうれん草やこまつななどの葉菜類は、茹でたら水にさらし、冷ましてから水気を絞る。水気が残っていると、和えた時に水っぽくなってしまう。

**下味をつける**

必ず下味をつけてから和えることがポイント。水っぽい仕上がりにならないよう、下味をつけた後に、しっかりと水気を絞る。

基本作業のポイント

料理を始める前に覚えたい
# 基本知識

さあ、料理を始めましょう！ とその前に、これだけは覚えておきましょう
材料のはかり方、火加減や油の温度、材料の切り方などをここでマスターすれば、あとはラクラクスムーズに料理ができます

## 計量方法

### 粉類

**大さじ1**

1 大さじ用のスプーンに山盛り一杯分をすくう。

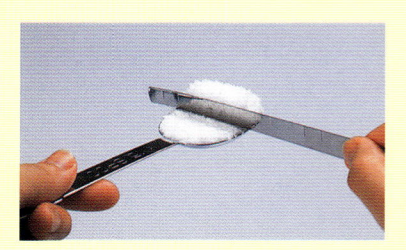

2 すり切り用のヘラで、大さじ用のスプーンの表面をすり切る。小さじ1も同じ。

**大さじ1/2**

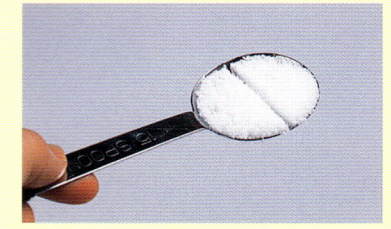

1 大さじ用のスプーンに一杯分をすくい、ヘラですり切り、半分のところに目安をつける。

2 ①の目安に沿って、半量を取り除く。小さじ1/2も同じ。

**小さじ1/3**

1 小さじ用のスプーンに一杯分をすくい、ヘラですり切り、Yの字をつける。

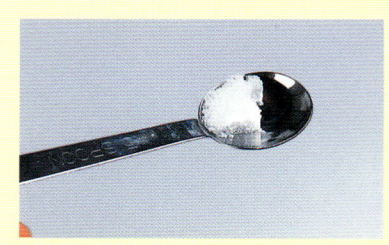

2 ①でつけたYの字を目安にして、2/3量を取り除く。

### 液体

**大さじ1**

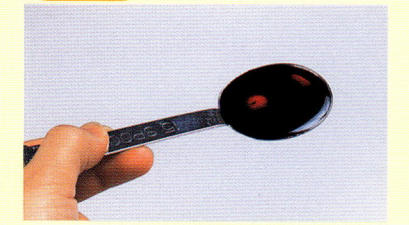

大さじ用のスプーンの縁いっぱいまで入れる。小さじ1も同じ。

**大さじ1/2**

計量スプーンは底がせまくなっているので2/3くらいまで入れる。小さじ1/2も同じ。

**1カップ**

計量カップにはかりたい目盛りまで入れ、平らな場所に置き、真横から見てはかる。

## 火加減

### 強火
鍋底全体に炎がぴったりとついている状態。ガスが全開とは限らず、鍋の大きさに合わせて調節する。

### 中火
鍋底に炎の先がつくか、つかないかくらいの状態。

### 弱火
鍋底から炎が離れている状態。

## 油の温度

### 低温
150～160℃くらい。揚げ油の中にさいばしを入れると、細かい泡がゆっくりと出てくる状態。

### 中温
170℃前後くらい。揚げ油の中にさいばしを入れると、少し大きめの泡が出てくる状態。

### 高温
180～190℃くらい。揚げ油の中にさいばしを入れると、すぐに大量の泡が勢いよく出てくる状態。

## 水加減

### ひたひた
材料の1/4から1/3くらいが水面から出ている状態。仕上がりが水っぽくならないようにしたい場合に。

### かぶるくらい
材料が水の中に入っている状態。材料から水分が出ないものなどを茹でる場合に。

### たっぷり
材料がすっぽりと水の中に入っている状態。アクを取りながら茹でる場合、スープを取る場合などに。

基本知識 9

# 材料の切り方

## くし型切り

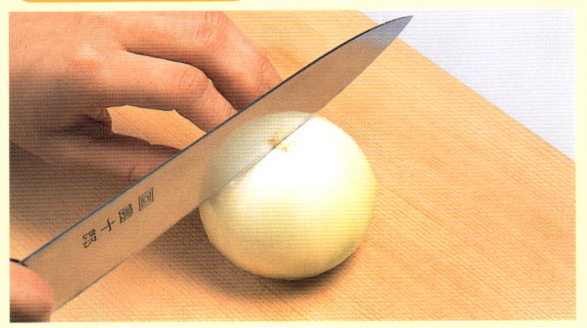

**1** たまねぎは薄皮をむいて、根元と先を落とし、縦半分に切る。

**2** ①のたまねぎを端から、斜めに包丁を入れて切り、くし型にする。

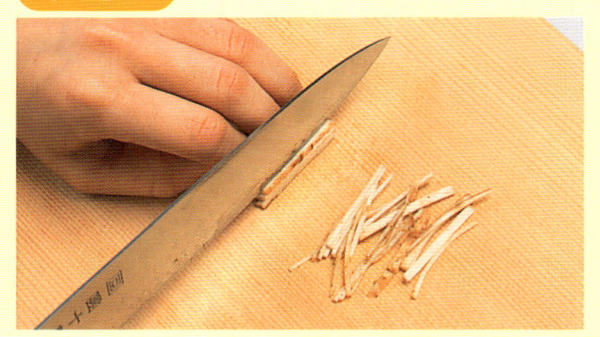

## 千切り

ごぼうは皮をこそげ落として、4cm長さに切ったら、縦に薄く切り、端から細く縦に切っていく。

## みじん切り

**1** たまねぎは薄皮をむいて、根元と先を落とし、縦半分に切り、次に縦に細くさらに切り込みを入れる。細く切り込みを入れるほど、細かくなる。

**2** ①のたまねぎの、横に切り込みを入れる。

**3** 縦と横に切り込みを入れたら、端から細かく切っていく。さらに細かくしたい場合は、包丁の先を片手で押さえて、柄を上下に動かしてきざむ。

## 乱切り

皮をむいたにんじんは、端から斜めに切る。さらに手前に半回転させながら、斜めに切っていく。

## 拍子切り

**1** にんじんは皮をむいて、4cmくらいの長さに切り、縦に1cm幅に切る。

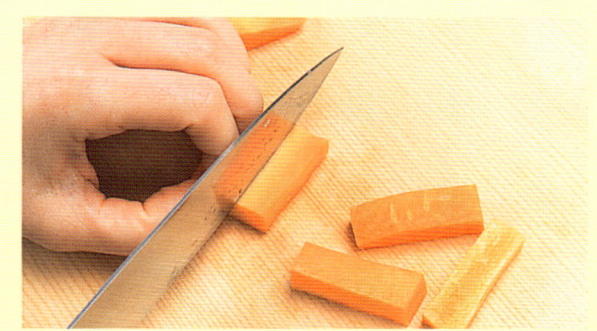

**2** 1cm幅に切ったあと、さらに端から1cm幅くらいに切る。

## いちょう切り

**1** だいこんは適当な長さに切り分け、皮をむく。縦半分に切り、さらに縦半分に切る。

**2** ①のだいこんを端から、均等な厚さに切る。

## ささがき

ごぼうは皮をこそげ落とし、縦に切り込みを入れる。ごぼうを転がしながら包丁を左から右へ動かし薄くけずるようにして、ささがきに切る。

基本知識

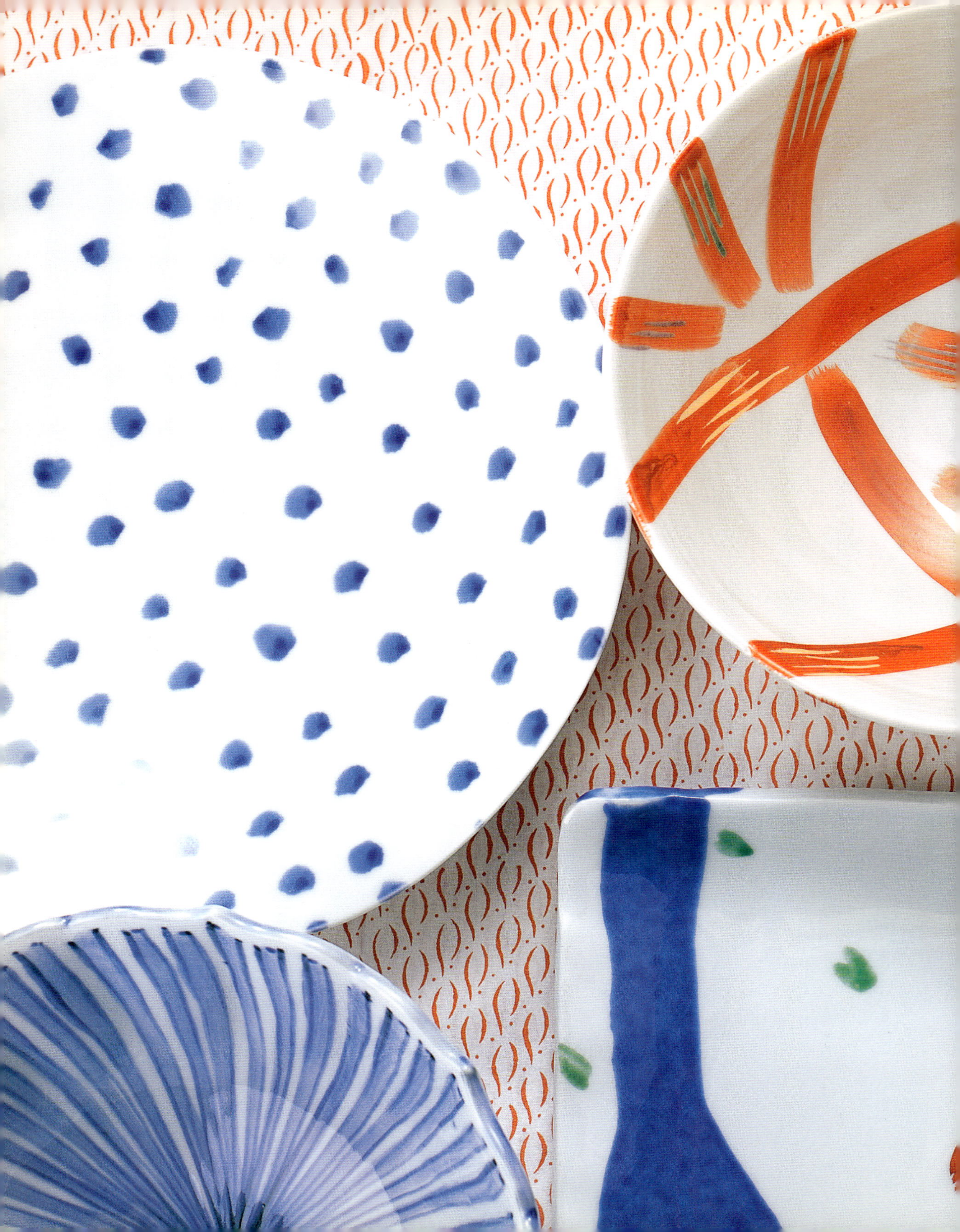

# 懐かしいおかず

昔から伝わる日本の味は、
毎日食べても飽きがきません
肉じゃが、ふろふきだいこん、さばのみそ煮など
和食の定番を一挙に紹介しましょう

# 肉じゃが

はじめに野菜を炒めて、煮くずれ防止
だし汁を少なめにして煮れば、ほっくりホクホク出来上がり

## 材料 2人分 (30分)

| 材料 | 分量 |
|---|---|
| 牛薄切り肉 | 100g |
| じゃがいも | 2個 |
| にんじん | 1/3本 |
| たまねぎ | 1/2個 |
| しらたき | 1/2玉 |
| さやえんどう | 15g |
| 塩 | 小さじ1/4 |
| サラダ油 | 大さじ1・1/2 |
| だし汁 | 1カップ |
| 酒 | 1/3カップ |
| 砂糖 | 大さじ2〜3 |
| しょうゆ | 大さじ2 |

### 材料を切る

**1** じゃがいもは皮をむいて、縦半分に切り、さらに食べやすい大きさの3〜4切れにする。水に放し、アクを取る。

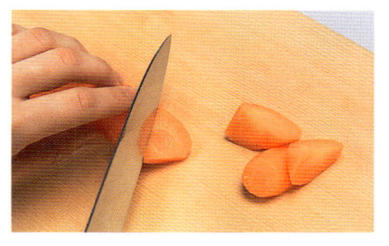

**2** にんじんは皮をむいて、ひと口大の乱切りにする。

**3** 薄皮をむいたたまねぎは、先端と根の部分を切り落としてから、4〜6等分のくし型に切る。

**4** さやえんどうは筋を取り、塩をまぶす。沸騰した湯で茹で、水にさらし、斜め半分に切る。

**5** 牛薄切り肉を5cmくらいの長さに切り分ける。

**6** 鍋に水を入れて強火にかける。沸騰したら、しらたきを入れ、湯通しをし、2〜3等分に切る。

### 炒める

**7** 鍋にサラダ油を入れて中火にかけ、①のじゃがいも、②のにんじん、③のたまねぎを入れて、全体に油がまわるように炒める。

### 煮る

**8** ⑦の全体に油がまわったら、だし汁と酒を加える。

**9** ⑧に⑥を加え落とし蓋をし、沸騰させる。中火で4〜5分煮る。

**Point 牛肉はかためて加えない**

**10** ⑨の鍋に砂糖を加え、⑤の牛肉を鍋全体にまんべんなく加える。

**Point アクを取る**

**11** ⑩が煮立つまで強火にし、アクをていねいに取り除く。

**12** ⑪の鍋全体にいきわたるように、しょうゆを加え、さらに中火で煮る。

**13** ⑫の野菜が充分にやわらかくなるまで煮たら、最後に④のさやえんどうを散らす。

懐かしいおかず・野菜

# 筑前煮

鶏肉をさっと炒め、旨みをたっぷり出す野菜たっぷりの人気メニュー

**材料 2人分 40分**

- 鶏もも肉……小1枚
- サラダ油……大さじ1
- 砂糖………小さじ1
- しょうゆ……小さじ1
- にんじん………1/4本
- たけのこ(水煮)……50g
- 干ししいたけ……3枚
- ごぼう…………1/4本
- れんこん………50g
- 黒こんにゃく……1/3枚
- いんげん………3本
- 塩………小さじ1/4
- サラダ油………大さじ1
- だし汁…1・1/2〜2カップ
- 砂糖………大さじ2
- 塩………小さじ1/4
- しょうゆ…大さじ1・1/2

**材料を切る**

**1** たけのこは、ひと口大の食べやすい大きさに切る。にんじんは皮をむき、ひと口大の乱切りに。ごぼうは皮をこそげ落として、同じようにひと口大の乱切りにし、水に放してから、水気を切る。

**2** れんこんは皮をむいて、ひと口大の乱切りにし、水に放してから、水気を切る。

**3** 鍋に水を入れ、強火で沸騰させる。黒こんにゃくを湯通しし、ひと口大に手でちぎる。

**4** 干ししいたけを水につけて戻し、石づきを取り、半分から1/3に切る。

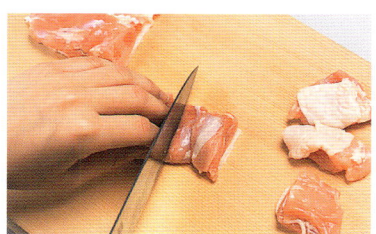

**5** 鶏肉は、余分な皮と脂肪分、軟骨を取り除き、ひと口大に切る。

**6** いんげんの筋を取る。沸騰した湯に塩を加えて茹で、その後、水にさらしてから、3cmくらいの長さの斜め切りにする。

**炒める**

**Point まわりが白くなるまで鶏肉を炒める**

**7** 鍋にサラダ油と⑤の鶏肉を入れて、中火にかける。鍋底に鶏肉がくっつかないようにしながら、まわりが白くなるまで炒め、皿に取り出す。小さじ1の砂糖と小さじ1のしょうゆをふりかける。

**8** ⑦の鍋にサラダ油を入れ、中火にかけて、①のたけのこ、にんじん、ごぼう、②のれんこん、③の黒こんにゃく、④のしいたけを加えて、全体にサラダ油がまわるように炒める。

**煮る**

**9** ⑧の材料にサラダ油がまわったら、だし汁を加えて、沸騰するまで強火、その後中火にして4〜5分煮る。大さじ2の砂糖と小さじ1/4の塩を加えてさらに7〜8分煮る。

**10** ⑨に⑦を調味料ごと加え、大さじ1・1/2のしょうゆを加える。汁気がなくなるまで、鍋底を返しながら煮からめる。

**Point 最後にいんげんを加える**

**11** ⑩の汁気がなくなったら、最後に⑥のいんげんを散らす。

懐かしいおかず・野菜

## 材料 2人分

- ひじき(乾燥)……………50g
- 大豆水煮(缶詰)…………1缶(105g)
- にんじん……………1/2本
- 白こんにゃく……………1/2枚
- 豚赤身肉……………80g
- 油揚げ……………1枚
- サラダ油……………大さじ1・1/2
- だし汁……………2〜3カップ
- 砂糖……………大さじ2
- しょうゆ……………大さじ2
- 酒……………大さじ3

25分

### ひじきを戻す

**1** ひじきは水でさっと洗い、たっぷりの水で柔らかくなるまで充分に戻す。

**Point 手でつかみあげ、水気を切る**

**2** ①のひじきを手でつかんで、ザルにあげ、ひじきを広げながら水気を切る。こうすると砂やゴミがきちんと取れる。

### 他の材料を準備する

**Point 油揚げは湯通しをする**

**3** 鍋に水を入れ強火で沸騰させる。油揚げを湯通しして、1cm角の大きさに切る。

**4** 白こんにゃくは、湯通しをして、1cm角のさいの目切りにする。にんじんも皮をむいて、1cm角のさいの目切りにする。

**5** 大豆水煮を缶から出して、水気を切っておく。

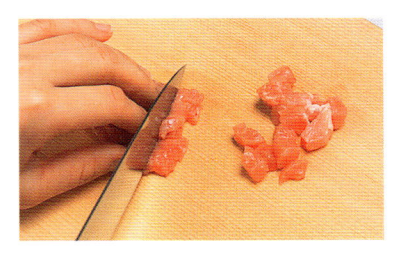

**6** 豚赤身肉も他の材料と同じように1cm角のさいの目切りにする。

### 炒める

**7** 鍋にサラダ油を入れて中火にかけ、水気を切った②のひじきを、さっと炒める。

**8** ⑦の鍋に③の油揚げ、④の白こんにゃく、にんじん、⑤の大豆、⑥の豚肉を加え、全体に油がまわるように中火で炒める。

### 煮る

**9** ⑧の鍋にだし汁を加えて、強火で沸騰させる。

**10** ⑨が沸騰したら、砂糖、しょうゆ、酒を加えて、汁気がなくなるまで中火で煮る。

# ひじきの五目煮

コロコロサイズに切った野菜
豚肉のコクがきいて、とってもおいしい

懐かしいおかず・野菜

# かぼちゃの煮物

かぼちゃをほんのり甘く煮て
ホクホク感を味わいましょう

**材料 2人分 30分**
- かぼちゃ……………1/4個
- だし汁………………2カップ
- 砂糖…………………大さじ2
- 塩……………………小さじ1/4
- しょうゆ……………大さじ1・1/2
- みりん………………大さじ2

### かぼちゃを切る

**1** かぼちゃのタネをスプーンなどで取り、5㎝角くらいになるように大きさをそろえながら切る。切り口の角を取るように薄くむいて、面取りをし、ところどころの皮をむく。

### 煮る

**Point 重ならないように鍋に入れる**

**2** 鍋に①のかぼちゃが重ならないように入れる。

**3** ②の鍋にだし汁を加えて強火にかけ、沸騰させる。

**4** ③の鍋に落とし蓋をし、中火にしたら、砂糖、塩を加えて3〜4分煮る。しょうゆ、みりんを加えて、さらに7〜8分煮る。

**5** ④のかぼちゃに竹串をさして、すっと通るようになったら火を止めて、余熱を利用して煮含める。

懐かしいおかず・野菜

## 切り干しだいこんの煮物

風味と歯ごたえを残すように少なめの水で戻すのが大切

| 材料 2人分 25分 | |
|---|---|
| 切り干しだいこん | 50g |
| にんじん | 1/2本 |
| 油揚げ | 1枚 |
| サラダ油 | 大さじ1 |
| だし汁 | 2カップ |
| 砂糖 | 大さじ3 |
| しょうゆ | 大さじ3 |

### 切り干しだいこんを戻す

**Point 1** ひたひたの水で戻す
切り干しだいこんは、さっと水で洗い、ひたひたに浸かるくらいの水で柔らかくなるまで戻す。

**2** ①の切り干しだいこんが充分に戻ったら、手で水気を絞る。

### 他の材料を準備する

**3** にんじんは皮をむいて、3〜4cm長さの短冊切りにする。

**4** 油揚げは湯通しをし、縦半分に切ってから、1cm幅に切る。

### 炒める

**5** 鍋にサラダ油を入れて中火にかける。③のにんじんを炒めてから、②の切り干しだいこんを加える。全体にサラダ油がまわるようにする。

### 煮る

**6** ⑤の鍋に④の油揚げとだし汁を加える。強火で沸騰させたら、中火にし、砂糖としょうゆを加えて、ゆっくりと味を含ませるように煮る。

# きんぴらごぼう

ピリッと辛い
赤唐辛子がきいた
シャキシャキごぼうの
きんぴら

**材料 2人分 20分**

| | |
|---|---|
| ごぼう | 1本 |
| にんじん | 1/4本 |
| 赤唐辛子 | 2本 |
| ごま油 | 大さじ2 |
| ┌ だし汁 | 1/2カップ |
| │ 砂糖 | 大さじ2 |
| └ しょうゆ | 大さじ3 |

### 材料を切る

**1** ごぼうは皮をこそげて、5cm長さの千切りにし、水に放してアクを取る。

**2** にんじんは皮をむいて、ごぼうと同じくらいの5cm長さの千切りにする。

**3** 赤唐辛子は水に浸ける。やわらかくなったら、2つに切り、タネを取る。

### 炒める

**4** 鍋にごま油を入れて強火にかける。充分に水気を切った①のごぼう、②のにんじん、③の赤唐辛子を炒める。

**5** ④の鍋にだし汁、砂糖、しょうゆを加え、汁気がなくなるまで炒りつける。

懐かしいおかず・野菜

| 材料 2人分 40分 | さといも……………6～8個 |
|---|---|
| | ゆず………………………適量 |
| | だし汁………1・1/2カップ |
| | 砂糖……………………大さじ2 |
| | 塩……………………小さじ1/4 |
| | しょうゆ………………大さじ1 |
| | みりん…………………大さじ1 |

### さといもの準備をする

**1** さといもは泥を洗い落とし、皮をむく。大きいものは2つに切り、水で洗う。

**2** 鍋に①のさといもを入れ、たっぷりと水を加えて、強火にかける。沸騰したら、中火にして、さらに2～3分茹でる。

**Point ぬめりを洗い落とす**

**3** ②のさといもを水にさらし、ぬめりを洗い落とす。

### 煮る

**4** 鍋に③のさといもとだし汁を加えて、沸騰するまで強火にかける。その後中火で1～2分煮る。

**5** ④の鍋に砂糖と塩を加えて4～5分煮る。砂糖が溶けたら、しょうゆとみりんを加え、さらに7～8分煮る。

**6** ⑤のさといもに竹串をさしてすっと通るようになったら、火を止め、余熱を利用して味がしみ込むように煮含める。

**7** ゆずは水で洗い、水気をふき取る。皮を薄くむいて、千切りにする。

**8** ⑥のさといもを盛りつけ、⑦のゆずを飾る。

# さといもの煮物

ふっくら煮たさといもは薄味で、だしの風味がたっぷり

懐かしいおかず・野菜

# おでん

しっかり味が染み込んだだいこん
おもちはトロリと溶けて、食べごろに
卵にこんにゃく、さつま揚げと具だくさん
寒い冬にぴったりの温かいおかず

**材料 2人分　60分**

- だいこん……1/3本
- 米……大さじ3
- 卵……4〜5個
- 塩……適量
- さつま揚げ(丸型)……2枚
- さつま揚げ(ごぼう巻き)……2本
- さつま揚げ(ボール型)……4個
- 黒こんにゃく……1/2枚
- 昆布結び……4個
- 油揚げ……2枚
- 生しいたけ……2枚
- にんじん……1/3本
- もち……2個
- だし汁……5カップ
- 塩……小さじ1
- しょうゆ……大さじ1
- 溶き辛子……適量

### だいこんの準備をする

**Point** だいこんは下茹でをする

**1** だいこんは2㎝幅の輪切りにし、皮をむく。鍋にだいこんと米を入れ、たっぷりの水を入れ強火にかける。やわらかくなるまで茹でたら水で洗う。

### 他の材料の準備をする

**2** 鍋に卵、水、塩（適量）を入れて火にかけ、卵をクルクルと回しながら沸騰するまで強火にかける。その後弱火で12分茹で、水にさらし、カラをむく。

**3** 黒こんにゃくは湯通しして、三角形に切る。

**Point** さつま揚げは湯通しをする

**4** 鍋に水を入れて強火にかける。沸騰したらさつま揚げを入れて、湯通しをする。

### 袋をつくる

**5** 油揚げを半分に切り、破らないよう切り口からはがし袋状にして、熱湯で湯通しをする。

**6** 生しいたけは、石づきを取って、千切りにする。にんじんは、皮をむいて、短冊切りにする。もちは半分に切る。

**7** ⑤の油揚げの袋状の中に、⑥のしいたけ、にんじん、もちを入れる。

**8** ⑦の口をようじで止める。

### 煮る

**9** 鍋にだし汁を入れて、小さじ1の塩、しょうゆを加える。

**Point** 煮てから、30分以上置く

**10** ⑨の鍋に昆布結びと①〜⑧までの具をすべて入れる。沸騰するまで強火、その後中火で10分煮る。火を止めてさらに30分以上おく。

**11** ⑩を器に盛りつけ、好みで溶き辛子をつける。

懐かしいおかず・野菜 25

# ふろふきだいこん

口の中でとろけるような
やわらかいだいこん
みそダレが味を引き締めます

| 材料 2人分 | |
|---|---|
| だいこん | 1/4本 |
| 米 | 大さじ3 |
| 昆布 | 10cm角1枚 |
| 薄口しょうゆ | 大さじ1 |
| 酒 | 大さじ1 |
| 赤だしみそ | 100g |
| 砂糖 | 大さじ5 |
| みりん | 大さじ2 |
| 酒 | 大さじ2 |
| だし汁 | 大さじ2 |
| ゆず | 適量 |

40分

### だいこんの準備をする

**Point 面取りをする**

**1** だいこんを5cm幅の輪切りにして、皮をむく。型崩れしないように、切り口の角を取るように面取りをする。

**2** 鍋に水をたっぷり入れて、①のだいこんと米を入れ、やわらかくなるまで茹でる。茹であがったら水で洗う。

### 茹でる

**3** 鍋にたっぷりの水、昆布、薄口しょうゆ、大さじ1の酒を入れて、②のだいこんを加える。弱火でゆっくりと15分くらい茹でる。

### みそダレをつくる

**4** 小鍋に赤だしみそ、砂糖、みりん、大さじ2の酒、だし汁を入れる。みそが溶けるまで混ぜてから、中火にかける。

**5** ④のみそを練りながら、とろりとしたみそダレをつくる。

**6** 器に③のだいこんを盛りつける。⑤のみそダレをかけて、松葉に切ったゆずを飾る。

---

## 残っただいこんの皮を使って
# だいこんの皮の即席漬け

だいこんの皮は捨ててしまわないでおいしい即席漬けをつくりましょう

| 材料 | |
|---|---|
| だいこんの皮 | 100g |
| だいこんの葉 | 50g |
| 昆布 | 5cm角1枚 |
| 塩 | 小さじ3/5 |

### 材料を切る

**1** だいこんの皮を、2〜3cmの千切りにする。

**2** だいこんの葉は、外側の黄色になった葉をはずして小口切りにする。

**3** 昆布は、2cm長さの千切りにする。

**4** ①のだいこんの皮、②の葉、③の昆布をボウルに入れて、全体に塩をふり、重しをのせる。

**5** ④がしんなりとしたら、水気を絞る。

懐かしいおかず・野菜

# 豚肉のしょうが焼き

ジュワーっと焼き上がりの香ばしい香り
たっぷりのしょうがおろしと、
りんごのすりおろしが、隠し味
しっかりとタレをからめて焼いて、
アツアツをいただきましょう

## 材料 2人分

- 豚肩ロース薄切り肉……240g
- りんごのすりおろし………大さじ1
- しょうゆ……大さじ2/3
- 酒……………大さじ1/2
- サラダ油………大さじ1/2
- 酒……………大さじ3
- みりん…………大さじ1
- しょうゆ……大さじ2強
- しょうが…………30g
- キャベツ……………2枚
- セロリ……………1/2本

**20分**

### 豚肉に下味をつける

**1** しょうがは皮をむいて、すりおろす。

### Point 下味をつける

**2** 豚肉を浅い皿に並べ、その上にりんごをすりおろしながら豚肉にまぶす。さらに大さじ2/3のしょうゆ、大さじ1/2の酒をまぶしつけてしばらくおき、下味をつける。

### タレをつくる

**3** 大さじ3の酒、みりんを合わせておき、大さじ2強のしょうゆ、①のすりおろしたしょうがを混ぜ合わせ、タレをつくる。

### 焼く

**4** フライパンにサラダ油を入れて強火にかける。フライパンが充分に温かくなったら②の豚肉を両面に焦げ色がつくまで焼く。

**5** ④の豚肉に火が通ったら、③のタレを加える。

### Point しっかりタレをからめる

**6** ⑤を強火にかけ、しっかりとタレをからめる。

### 付け合わせをつくる

**7** キャベツを千切りにし、水に放しパリッとさせる。さらにセロリを千切りにし、キャベツと混ぜる。

**8** ⑦の野菜を皿に盛りつけ、⑥の豚肉を盛る。

懐かしいおかず・肉

## 材料 2人分 20分

- 鶏もも肉……………2枚
- しょうゆ…………大さじ2
- 酒…………………大さじ2
- 卵……………………1個
- 小麦粉……………大さじ3
- 片栗粉……………大さじ3
- 揚げ油………………適量
- パセリ………………適量

### 鶏肉を切り、下味をつける

**1** 鶏もも肉の余分な皮、脂肪分を取り除いて、ひと口大に切る。

**2** 卵は割りほぐし、溶いておく。

**3** ボウルにしょうゆ、酒を入れ、①の鶏もも肉を加えて混ぜる。②の溶き卵を加えて充分に混ぜ、下味をつける。

### 衣をつくる

**4** 小麦粉と片栗粉を合わせる。

### Point 汁気をふき取る

**5** ③の鶏もも肉の汁気をクッキングペーパーでふき取り、鶏肉全体に④の粉を薄くつける。

### 鶏肉を揚げる

### Point 一度にたくさん入れない

**6** 揚げ油を160℃くらいに熱し、⑤の鶏肉を加えて、3～4分くらい揚げる。一度にたくさん入れると、温度が下がるので、鍋の表面積の半分くらい入れる。

**7** ⑥の鶏肉を皿などにいったん取り出す。揚げ油を180℃に上げて、鶏肉をもう一度揚げる。肉の表面がカサカサになったら取り出す。

**8** ⑦のから揚げを皿に盛りつけ、パセリを飾る。

しっかりと下味をつけて
汁気をふき取ってから薄く粉をつけ、
二度揚げにするから、
外皮はカリッと、中はジューシー

# 鶏肉のから揚げ

# 豚の角煮

じっくり煮込んだ豚肉は、口の中でとろけるよう
一度食べたらやめられない

### 材料 2人分

- 豚三枚肉(塊) …… 400g
- 長ねぎ …………… 1/2本
- しょうが ………… 1かけ
- 砂糖 ……………… 大さじ1
- 水 ………………… 大さじ1
- 水 ………………… 2カップ
- しょうゆ ………… 1/4カップ
- 酒 ………………… 1/2カップ
- みりん …………… 1/4カップ
- 砂糖 ……………… 大さじ1
- おくら …………… 6本
- 塩 ………………… 適量
- 溶き辛子 ………… 適量

⏱ 120分

## 豚肉を茹でる

**1** 鍋にたっぷりの水を入れ、強火で沸騰させ、豚三枚肉を塊のまま入れて茹でる。肉の周りが白くなったら、水にさらしながら、肉の周りを洗う。

**Point アクを取る**

**2** 鍋に①、ぶつ切りの長ねぎ、薄切りのしょうが、たっぷりの水を入れて強火にかける。沸騰したらアクを取る。竹串がすっと通るくらい1〜2時間茹でる。

**Point 水でさっと洗う**

**3** ②の豚肉を水にさらして、さっと洗う。

**4** ③の豚肉を5cm角くらいに切り分ける。

## カラメルソースをつくる

**5** 鍋に大さじ1の砂糖、大さじ1の水を入れて、強火にかける。

**Point カラメル状になるようにする**

**6** ⑤がカラメル状になるまで、強火のまま鍋を回す。

**Point カラメルを溶かす**

**7** ⑥の鍋に、2カップの水を加え、中火にかける。鍋底をかき混ぜながら、カラメルを溶かす。

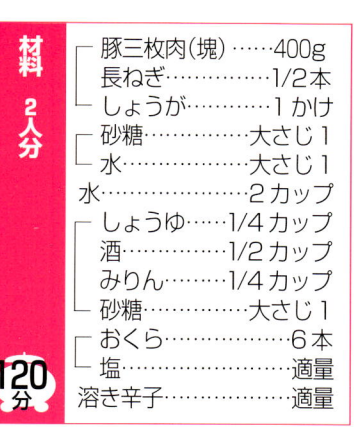

**8** ⑦にしょうゆ、酒、みりん、大さじ1の砂糖を加える。

## 煮る

**9** ⑧に④の豚肉を加えて、落とし蓋をする。強火で沸騰させてから、その後、弱火でじっくり煮含める。

**10** 鍋に水と塩を入れて強火にかける。沸騰したらおくらを入れて、茹でる。

**11** ⑨の豚肉を皿に盛りつけ、⑩のおくらをあしらい、溶き辛子を添える。

懐かしいおかず・肉

# とんかつ

サクサク衣の中は、ボリュームたっぷりのお肉
辛子をつけて、ピリッといただきましょう

## 材料 2人分

- 豚肩ロース肉…2枚(300g)
- 塩…………小さじ1/2強
- こしょう…………少々
- 小麦粉…………大さじ3
- 溶き卵……………1個
- 生パン粉……………50g
- 揚げ油……………適量
- キャベツ……………2枚
- パセリ……………適量
- 溶き辛子……………適量

20分

### 豚肉の筋を切る

**Point 筋切りをする**

**1** 豚肩ロース肉は、包丁の先で身と脂肪の間の筋を切る。こうすると肉を揚げた時、縮まない。筋を切った後、肉をたたいて、やわらかくしたら、元の形に整え、塩、こしょうをする。

### 衣をつける

**2** ①の豚肩ロース肉に、小麦粉、溶き卵、生パン粉の順番につける。生パン粉は、しっかりと肉につける。

### 揚げる

**3** 揚げ油を150℃に熱し、②の豚肉を入れる。肉を返しながら、肉の中まで火が通るように、5～6分くらいかけて、揚げる。

### 付け合わせをつくる

**4** キャベツは千切りにして、水に放し、パリッとさせて、水気を切る。

**5** パセリはみじん切りにして、④のキャベツに混ぜ合わせる。

**6** 皿に⑤の野菜を盛りつけ、③のとんかつを盛り、溶き辛子を添える。

懐かしいおかず・肉

# 牛肉とごぼうの煮物

牛肉のおいしさと
ごぼうの風味がマッチ
ごはんにぴったりのおかずです

**材料 2人分**

| | |
|---|---|
| 牛薄切り肉 | 200g |
| ごぼう | 1/2本 |
| 長ねぎ | 1/4本 |
| ごま油 | 大さじ1 |
| だし汁 | 2カップ |
| 酒 | 大さじ4 |
| 砂糖 | 大さじ3 |
| しょうゆ | 大さじ2 |

**25分**

### 材料を切る

**1** 牛薄切り肉をひと口大の大きさに切る。

**2** ごぼうは皮をこそげて、斜めの薄切りにし、水にさらしてアクを取る。

**3** 長ねぎは4cm長さに切り、縦に開いて千切りにし、水に放しておく。

### 炒める

**4** 鍋にごま油を入れて強火にかける。水気を切った②のごぼうを加え、混ぜながら、充分に炒める。

### 煮る

**5** ④の鍋にだし汁を加え、ごぼうがやわらかくなるまで中火で煮る。

**6** ⑤のごぼうがやわらかくなったら、酒、砂糖を加え、中火で4～5分煮る。

**Point アクを取る**

**7** ⑥の鍋に①の牛肉としょうゆを加えて、アクを取り、さらに5～6分煮る。

**8** ⑦を器に盛りつけ、水気を切った③の長ねぎを天盛りにする。

懐かしいおかず・肉

# 手羽先とじゃがいもの煮物

ホクホク新じゃがに手羽先のうまみがたっぷり
少し甘辛く煮含めて、じっくり味わいましょう

| 材料 2人分 25分 | |
|---|---|
| 鶏手羽先肉 | 6本 |
| 新じゃがいも | 10〜13個 |
| しょうが | 1かけ |
| だし汁 | 2カップ |
| 砂糖 | 大さじ3 |
| しょうゆ | 大さじ3 |
| 酒 | 大さじ2 |

### 鶏肉の準備をする

**1** 鶏手羽先肉の先を切り落として、さっと水で洗い、クッキングペーパーで水気をふき取る。

### 材料の準備をする

**2** 新じゃがいもは、薄皮をこそげむく。

**3** しょうがは皮をむいて薄切りにする。

### 焼く

**4** フライパンを強火にかけ、①の鶏手羽先肉を、両面に焦げ色がつくように焼きつける。

### 炒める

**5** ④のフライパンに出た脂をクッキングペーパーでふき取り、②の新じゃがいもを加えて、さいばしで転がしながら、中火で充分に炒める。

### 煮る

**6** ⑤のフライパンに③のしょうがの薄切り、だし汁、砂糖、しょうゆ、酒を加える。途中フライパンをゆすりながら、汁気がなくなるまで中火で煮る。

# 肉の保存方法

多めに買ってしまった肉は上手に保存していろいろな料理に有効活用しましょう

## ひき肉

### 火を通してから

フライパンにサラダ油を入れて火にかける。たまねぎのみじん切りを炒めたら、ひき肉を加えてさらに炒め、塩、こしょうで軽く下味をつける。バットなどで充分に冷ましてから、冷凍用の保存袋に入れる。平らに薄くのばして、空気をしっかり抜く。使いやすい分量に袋の上から、線をつけて冷凍する。1〜2週間くらいで使いきるようにする。

## 薄切り肉

### ラップに包んで

使いやすい分量をラップでぴったりと包み、さらに冷凍用の保存袋に入れる。空気をしっかり抜いてから冷凍する。1週間くらいで使いきるようにする。

### 下味をつけて

フライパンにサラダ油を入れて火にかける。さっと薄切り肉を炒めて、しょうゆなどで薄く下味をつける。汁ごと冷凍用の保存袋に入れたらしっかりと空気を抜き、冷凍する。1〜2週間くらいで使いきるようにする。

## 塊肉（かたまりにく）

### 火を通して

豚塊肉は、湯を沸かした鍋に入れ、落とし蓋をして弱火でじっくりと茹でる。茹であがったら、茹で汁の中に入れたまま充分に冷ます。使いやすい大きさに切り分けて、ラップに包み、保存袋に入れて冷蔵する。3〜4日くらいで使いきるようにする。
牛塊肉は、表面に塩、こしょうをふり、全体に焦げ目がつくくらいフライパンで焼いてから冷ます。使いやすい大きさに合わせて切り、ラップに包んで冷凍用の保存袋に入れ、空気をしっかり抜いてから冷凍する。1週間くらいで使いきるようにする。

### 下味をつけて

鶏もも肉に、塩、こしょうをふり、しょうゆとしょうがのしぼり汁を合わせたものにつける。汁ごと保存袋に入れ、冷蔵する。3〜4日くらいで使いきるようにする。

懐かしいおかず・肉

# あじの塩焼き

手早くあじを準備して
全体に塩をふって、味を染み込ませ
ふっくらと焼きあがったあじの塩焼き
和食の朝にぴったりの定番

## あじの準備をする

**1** あじのうろこを取り、さっと水で洗う。水気をふき取り、ゼイゴを取る。

**2** ①のエラを取り除く。

**3** ②のあじの腹（盛りつける時に裏側になる方）を、4cmくらい切り、内臓を取り除く。

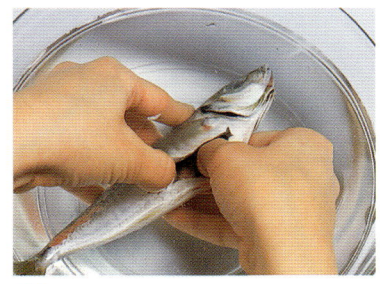

### Point 手早く水で洗う
**4** ③の内臓を取り除いたあじを、手早く、きれいに水で洗う。

### Point 全体に塩をふる
**5** ④のあじの両面全体に20cmくらい高い位置から塩をふる。

## 焼く

**6** 魚をのせる焼き網を、充分に焼いておく。

### Point 表になる側から焼く
**7** ⑤のあじを焼く。この時、盛りつける時の表側から先に、3〜4分くらい中火で焼く。

**8** ⑦に焼き色がきれいについたら、裏返して、同じく中火で4〜5分くらい焼く。

## 盛りつける

**9** だいこんおろしをザルに上げて水分を切り、⑧のあじと一緒に盛りつけ、しょうゆをかける。

---

**材料 2人分** （25分）

- あじ……………………2尾
- 塩………………小さじ3/5
- だいこんおろし……100g
- しょうゆ……………少々

懐かしいおかず・魚介

# さばのみそ煮

さばの旨みが外に逃げないように、少なめの煮汁で煮上げます
旨みが出たみそをたっぷりとかけて、いただきましょう

| 材料 2人分 25分 | |
|---|---|
| さば | 1尾 |
| しょうが | 1かけ |
| 水 | 1・1/2カップ |
| 酒 | 大さじ3 |
| 赤みそ | 大さじ4・1/2 |
| 砂糖 | 大さじ4 |
| しょうゆ | 小さじ1 |
| しょうが（盛りつけ用） | 適量 |

### さばを三枚におろす

**1** さばをさっと水で洗って、水気をふき取り、頭を切り落とす。

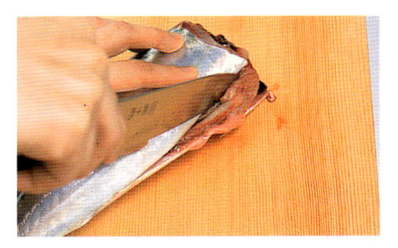

**2** ①のさばの腹に包丁目を入れて、内臓を取り出す。手早く水で洗い、水気をふき取る。

**3** 骨をまん中に背ビレと腹ビレに沿って、包丁を入れる。尾から、頭に向かって、包丁をずらしながら切り離す。もう一度同じように裏側も切り離し、骨1枚、身2枚にする。

**4** ③の身の中央にある骨を抜いて、2～3等分に切り分け、皮目に切り込みを入れる。

**5** しょうがは薄切りにする。盛りつけ用のしょうがは千切りにする。

### 煮る

**6** 鍋に水と⑤のしょうがの薄切り、酒を入れて強火にかける。煮立ったら、④のさばを重ならないように入れる。

**Point 重ならないように入れる**

**Point 落とし蓋をする**

**7** ⑥に落とし蓋をして、中火で5～6分煮る。

### みその準備をする

**Point 赤みそは、煮汁でのばす**

**8** ボウルに赤みそ、砂糖、しょうゆを合わせ、⑦の煮汁でのばす。

### みそを加えて煮る

**9** ⑦の鍋に⑧のみそをまんべんなく入れ、さらに4～5分くらい中火で煮る。

**10** 器に⑨のさばを盛りつけ、⑤の千切りにしたしょうがを天盛りにする。

## 材料 2人分

- いわし……………2尾
- しょうが汁………少々
- みそ………大さじ1/2
- 酒…………大さじ1/2
- 長ねぎ……………5cm
- いわしの骨………2尾分
- 水……………3カップ
- 昆布………10cm角1枚
- みそ………大さじ1・1/2
- 万能ねぎ……………3本

30分

### 材料を切る
**1** 長ねぎはみじん切りにする。

### いわしをおろす
**2** いわしのうろこを取り、さっと水で洗って、水気をふき取る。頭を切り落とし、腹に切り目を入れて内臓を取り除く。

**3** ②の内臓を取り除いたいわしは、水で洗い、水気をふき取る。

**4** ③の中骨の上に親指をさし込み、骨に沿って右にそぎ、左にそいで、身を開く。

**5** ④の尾の方を折って持ち上げて、骨をはずし、包丁で身をこそげる。骨は後でだしを取るので、残しておく。

### つみれをつくる

**Point 包丁でたたいて、すり身にする**

**6** ⑤を包丁を上下に動かして、たたいて、すり身にする。

**Point 充分にすり混ぜる**

**7** すり鉢に⑥を入れて、充分にすり混ぜたら、しょうが汁、大さじ1/2のみそ、酒を加え、さらにすり混ぜる。

**8** ⑦のすり身がなめらかになったら、①の長ねぎのみじん切りを加えて、鉢の中央に丸くまとめておく。

### だしを取る

**9** 焼き網を熱し、⑤のいわしの骨の色が白く変わるまで焼く。

**10** 鍋に水、昆布、⑨のいわしの骨を入れて、強火にかける。沸騰したら中火にし、2～3分煮て、濾す。

### つみれを茹でる

**11** ⑩の煮汁を沸かし、⑧のすり身を丸めて加えて、火を通す。

**12** 大さじ1・1/2のみそを煮汁で溶き、さらに加え混ぜる。わんに盛り、小口切りの万能ねぎをのせる。

# いわしの つみれ汁

しっかりすり混ぜた、ふんわりつみれ
いわしの骨で取るだしが、味わい深くなる秘密

# いわしの梅煮

梅干しと昆布で煮たいわし
やわらかいから、骨まで食べられる

**材料 2人分 30分**

| | |
|---|---|
| いわし | 6尾 |
| 梅干し | 2個 |
| しょうが | 1かけ |
| 昆布 | 10cm角2枚 |
| 水 | 1・1/2カップ |
| しょうゆ | 大さじ2 |
| 酢 | 大さじ1 |

### 材料を切る

1. しょうがは薄切りにする。

### いわしをおろす

2. いわしのうろこを取り、さっと水で洗って、水気をふき取る。頭を切り落とし、腹に切り目を入れて内臓を取り除く。

3. ②の内臓を取ったいわしは、水で洗い、水気をふき取る。

### 煮る

4. 鍋に昆布を敷き、その上に③のいわしを並べ、梅干しを手でくずしながら散らして、①のしょうがを入れる。

5. ④の鍋に水、しょうゆ、酢を入れて、落とし蓋をして、強火にかける。沸騰したら、中火にして15分くらい煮る。

6. ⑤のいわしを皿に盛りつけ、昆布を千切りにして、あしらう。

カラッと揚げたわかさぎをさっぱりタレに漬け込むだけ

# わかさぎの南蛮漬け

| 材料 2人分 | |
|---|---|
| わかさぎ | 12尾 |
| 小麦粉 | 適量 |
| 揚げ油 | 適量 |
| 長ねぎ | 1/2本 |
| 赤唐辛子 | 1本 |
| だし汁 | 1/4カップ |
| 酢 | 1/4カップ |
| しょうゆ | 大さじ1強 |
| 砂糖 | 大さじ1/2 |

30分

### わかさぎの準備をする

**1** わかさぎは、水で洗って、水気をふき取る。

**2** ①のわかさぎに小麦粉を薄くまぶす。

### 揚げる

**3** 揚げ油を170℃に熱し、②のわかさぎをカラッと揚げる。バットなどに並べて、油を切る。

### 他の材料を準備する

**4** 長ねぎを焼き網やフライパンなどで、全体に焼き色がつくまで焼く。

**5** ④の長ねぎを4cmくらいの長さに切り、さらに縦半分に切ってから、薄切りにする。

**6** 赤唐辛子は水に漬けて戻す。やわらかくなったら両端を切り、タネを取り除いて、輪切りにする。

### タレをつくる

**7** 鍋に⑤の長ねぎ、⑥の赤唐辛子、だし汁、酢、しょうゆ、砂糖を入れて火にかけ、沸騰させて、タレをつくる。

### わかさぎをタレに漬け込む

**8** 浅めの器に③のわかさぎを並べ、⑦のタレをかけて漬け込む。

懐かしいおかず・魚介

# 金目鯛の煮つけ

さっと下茹でをするから、生臭さが取れ、煮くずれしない
旨みたっぷりの煮汁をかけて、盛りつけます

## 材料 2人分 25分

- 金目鯛(切り身)……2切れ
- しょうが……………1かけ
- 焼き豆腐……………1/2丁
- だし汁………1/2カップ
- 酒……………大さじ3
- 砂糖…………大さじ2
- しょうゆ………大さじ2

### 材料を切る
**1** しょうがを薄切りにする。

### 金目鯛を下茹でする
**Point さっと下茹でする**
**2** 鍋に水を入れ沸騰させる。金目鯛の切り身を入れ、さっと下茹でし、色が変わったら取り出す。

**Point 水で洗う**
**3** ②の下茹でした金目鯛を水にさらし、洗って、水気をふき取る。

### 煮る
**4** 鍋にだし汁、酒、砂糖、しょうゆを入れてから①の薄切りのしょうがを入れて強火にかける。沸騰したら③の金目鯛を重ならないように入れる。

**5** ④の鍋に落とし蓋をし、中火でコトコトと15分くらい煮て、皿に盛りつける。

### 他の材料の準備をする
**6** 焼き豆腐は、食べやすい大きさに切り分けて、⑤の煮汁に加え、形が崩れないようにさっと煮る。

### 盛りつける
**7** ⑤の金目鯛を盛りつけた皿に、⑥の焼き豆腐を盛り、煮汁を上からかける。

# 魚の保存方法

使わずに残ってしまった魚は、上手に処理して鮮度を保たせれば、無駄なく活用できます

## 一尾の魚

### 下処理をしてから
一尾の魚は、内臓を取り除き、水で血や汚れをきれいに洗ったら、クッキングペーパーなどでしっかりと水気をふき取る。ラップに一尾ずつ包んでから保存袋に入れて冷蔵する。2～3日で使いきるようにする。

### 下味をつけて
三枚におろして、しょうゆとみりんを合わせたものにつけ込み、汁ごと保存袋に入れて、冷蔵する。3～4日で使いきるようにする。

## 切り身の魚

### 下味をつけて
切り身魚に塩をふり、クッキングペーパーなどで水気をふき取る。しょうゆとみりんを合わせたものに魚をつけ込み、汁ごと冷凍用の保存袋に入れる。空気をしっかり抜き、冷凍する。2週間で使いきるようにする。

### フレークにする
鮭などの切り身は、塩をふって焼く。小骨を取り除き、細かくほぐして瓶などに入れ、密封してから冷蔵する。

## いか・えび

### 茹でてから
いかは足、ワタと皮を取り除き、水できれいに洗い、水気をふき取る。鍋に湯を沸かし、酒を少し入れて、いかをさっと茹でる。冷めてから使いやすい大きさに切り、冷凍用の保存袋に入れ、空気を抜いて、冷凍する。2週間くらいで使いきるようにする。
えびは背ワタを取り、鍋に湯を沸かし、酒を入れて、赤く色づくまで茹でる。冷めてから冷凍用の保存袋に入れて、空気を抜いて、冷凍する。2週間くらいで使いきるようにする。

懐かしいおかず・魚介

# 肉豆腐

ごぼうと牛肉のおいしさを含めるように、煮込んだ豆腐が満点の味
さっとつくれて、ごはんがいくらでも食べられるおかず

### 材料を切る

**1** 牛薄切り肉をひと口大の大きさに切る。

**2** 木綿豆腐は縦半分に切り、さらに8等分に切る。

**Point** 転がしながら、ささがきにする

**3** ごぼうは皮をこそげ落とす。縦に切り込みを入れて、転がしながら包丁で薄くけずるように、ささがきにしながら、水に放してアクを取る。

**4** 鍋に水を入れて、強火にかける。沸騰したら、しらたきを湯通しし、食べやすい大きさに3～4ヶ所で切る。

**5** さやえんどうは塩をまぶし、沸騰した湯で、ゆがく。水にさらし、2つに切る。

### 煮る

**6** 鍋にだし汁を入れ、強火で沸騰させ、③の水気を切ったごぼうを加える。

**7** 再沸騰した⑥の鍋に④のしらたきを加える。

**8** ⑦の鍋を中火にし、ごぼうがやわらかくなるまで煮てから、砂糖、しょうゆ、酒を全体に加えて、さっと混ぜて、味をつける。

**9** ⑧の鍋に②の木綿豆腐を重ならないように加える。

**10** ⑨に①の牛肉を、かたまらないように少しずつ加えたら、強火で沸騰させ、アクを取る。

**11** ⑩の豆腐に味が染みるように中火で煮て、⑤のさやえんどうを散らす。

### 材料 2人分

| | |
|---|---|
| 牛薄切り肉 | 150g |
| 木綿豆腐 | 1丁 |
| ごぼう | 1/4本 |
| しらたき | 1/2玉 |
| さやえんどう | 20g |
| 塩 | 少々 |
| だし汁 | 2・1/2カップ |
| 砂糖 | 大さじ2 |
| しょうゆ | 大さじ2 |
| 酒 | 大さじ2 |

30分

懐かしいおかず・大豆加工食品

### 材料の準備をする

**1** あさりのむき身は水で洗って、水気を切り、鍋に入れる。大さじ1の酒をふりかけて強火で炒り煮し、汁と身に分ける。

**2** にんじんは皮をむき、千切りにする。

**3** 生しいたけは石づきを取り、千切りにする。

**4** ごぼうは皮をこそげ落として、縦に切り目を入れ、転がしながら、ささがきにする。水に放して、アクを抜く。

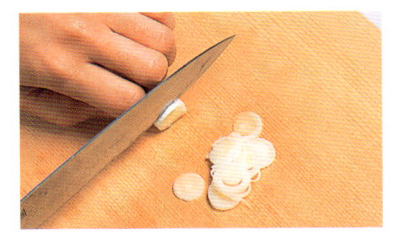

**5** 長ねぎを小口切りにする。

**6** 万能ねぎも長ねぎと同じように、小口切りにする。

### 炒める

**Point 火が通りにくい材料から炒める**

**7** 鍋にサラダ油を入れて強火にかける。②のにんじん、④のごぼうを炒めて、③の生しいたけを加え、さらに強火で炒める。

### 煮る

**8** ⑦の鍋に①で出た分のあさりの煮汁、だし汁、大さじ2の酒、砂糖、みりん、しょうゆを加え、沸騰するまで強火、その後中火で4～5分煮る。

**9** ⑧の野菜がやわらかくなったら、おからを入れ中火で煮る。

**10** ⑨の汁気がなくなったら①のあさりのむき身を加え、さらに⑤の長ねぎを加える。

**11** 卵を割りほぐし、⑩の長ねぎがしんなりしたら流し入れる。⑥を加え、さっと混ぜる。

懐かしいおかず・大豆加工食品

# うの花

あさり、にんじん、ごぼうにしいたけ
具だくさんのうの花は、ヘルシーだからうれしい

**材料 2人分 30分**

| | |
|---|---|
| おから……………150g | サラダ油………大さじ1 |
| ［あさりむき身…100g | ［だし汁…………1カップ |
| ［酒……………大さじ1 | 酒……………大さじ2 |
| にんじん…………1/4本 | 砂糖………大さじ1・1/2 |
| ごぼう……………1/4本 | みりん…………大さじ1 |
| 生しいたけ………2枚 | しょうゆ…大さじ1・1/2 |
| 長ねぎ……………1/2本 | 卵…………………1個 |
| 万能ねぎ………3〜4本 | |

懐かしいおかず・大豆加工食品

# 高野豆腐

ふっくらとだし汁を含ませているから
口の中にジュワーっと広がるやさしい味わい

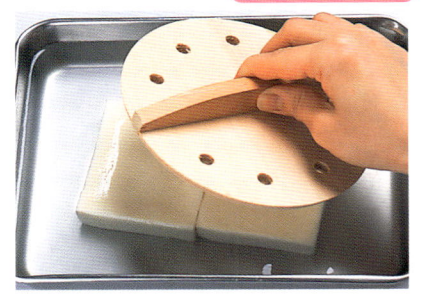

### 材料 2人分 40分
- 高野豆腐……………2枚
- だし汁……………2カップ
- 砂糖……………大さじ2
- 塩……………小さじ1/2
- しょうゆ……小さじ1/2
- 木の芽……………適量

### 高野豆腐を戻す

**Point 全体に水分を吸わせて、落とし蓋をする**

1. バットのような平らな器に、たっぷりの湯を入れて、高野豆腐を加える。すぐに2〜3回ひっくり返しながら、高野豆腐全体に水分を吸わせ、落とし蓋をして、湯が冷めるまで置く。

2. ①の湯が冷めたら、水にさらし、高野豆腐を手のひらで押しながら、白い水が出なくなるまで洗い、水気を絞る。

### 煮る

3. 鍋に②の高野豆腐を重ならないように並べ、だし汁をはり、強火にかける。沸騰したら中火にし、1〜2分くらい煮る。

4. ③の鍋に砂糖、塩を加えて、落とし蓋をし、弱火で15分くらい煮る。

5. ④の鍋にしょうゆを、だし汁の中に落とし入れる。弱火で煮て、全体に汁が回ったら火を止めて煮含める。

6. ⑤の高野豆腐を食べやすい大きさに切り、器に盛りつけ、煮汁をはり、木の芽をあしらう。

# 揚げだし豆腐

さっと揚げた豆腐
お酒のおつまみに、ぴったり

**材料 2人分**

| | |
|---|---|
| 木綿豆腐 | 1丁 |
| 片栗粉 | 適量 |
| 揚げ油 | 適量 |
| しし唐辛子 | 4本 |
| だいこんおろし | 50g |
| しょうが | 1かけ |
| だし汁 | 1/2カップ |
| しょうゆ | 大さじ2 |
| みりん | 大さじ2 |

**20分**

### 豆腐の準備をする

1. 木綿豆腐はクッキングペーパーに包んで水切りをする。

2. ①の水切りをした豆腐を、6～8個に切る。

**Point 全体に片栗粉をまぶす**

3. ②の豆腐全体に、まんべんなく片栗粉をまぶす。

### 揚げる

4. 揚げ油を180℃に熱し、③の豆腐を入れる。ひっくり返しながら、全体をカラッと揚げる。

5. しし唐辛子のへたを切りそろえ、1ヶ所包丁で切り込みを入れる。170℃の揚げ油でさっと揚げる。

### だしをつくる

6. 鍋にだし汁、しょうゆ、みりんを入れて強火にかけ、ひと煮立ちさせる。

7. しょうがはすりおろす。

8. 器に④の豆腐、⑤のしし唐辛子、だいこんおろし、⑦のしょうがおろしを盛りつけ、⑥のだし汁をかける。

懐かしいおかず・大豆加工食品

# 茶わん蒸し

なめらかな卵の舌触り
具だくさんでボリュームたっぷり

## 材料 2人分

- 卵 …………………… 2個
- だし汁 …………… 1・1/2カップ
- 塩 ………………… 小さじ1/2
- しょうゆ ………………… 少々
- 鶏ささみ肉 ……………… 1本
- しょうゆ ………… 小さじ1/2
- えび ……………………… 2尾
- 酒 ………………… 小さじ1
- 塩 ………………… ひとつまみ
- かまぼこ ………………… 2切れ
- 生しいたけ ……………… 1枚
- 塩 ………………… ひとつまみ
- みつば …………………… 少々

30分

### 卵液をつくる

**Point 卵白を切るように溶く**

**1** ボウルに卵を割り入れ、卵白を切るように、溶きほぐす。

**2** だし汁に小さじ1/2の塩、しょうゆ少々を加えて、塩を溶かし、①の中に加える。

**Point 卵液を濾して、なめらかにする**

**3** ②の卵液を濾して、なめらかにする。

### 材料の準備をする

**4** 鶏ささみ肉をそぎ切りにし、しょうゆ小さじ1/2をまぶす。

**Point 背わたを取る**

**5** えびは、水で洗って、水気をふき取り、背わたを取り除く。

**6** ⑤のえびの尾を切りそろえる。尾の1関節を残して、殻をむき、酒と塩ひとつまみをふりかける。

**7** かまぼこに、切り込みを入れ、松葉にする。

**8** 生しいたけは石づきを取り、焼き網で焼く。しんなりとしたら、塩ひとつまみをふり、食べやすい大きさに切る。

**9** みつばは1.5cmくらいの長さに切る。

**10** 器に④の鶏ささみ肉、⑦のかまぼこ、⑧のしいたけを入れ、③の卵液を流し入れる。

### 蒸す

**11** 蒸気の上がった蒸し器に⑩の器を入れて、1～2分強火、卵液全体が白くなったら弱火にして7～8分蒸す。

**Point 最後にえび、みつばをのせる**

**12** ⑪に⑥のえび、⑨のみつばをのせ、弱火で4～5分蒸す。

懐かしいおかず・卵

# だし巻き卵

クルクルと手早く巻いて、
中はふんわり
だしがきいて、甘さ控えめ

**材料 2人分 20分**
- 卵……………………4個
- だし汁……大さじ4〜5
- 塩……………小さじ1/5
- 砂糖……………大さじ1
- サラダ油……………適量
- だいこんおろし……適量
- しょうゆ……………適量

### 卵液をつくる

**1** ボウルに卵を割り入れ、卵白をはしで切るように溶く。

**2** 別のボウルにだし汁、塩、砂糖を入れて、塩、砂糖を溶かすように混ぜる。

**3** ①のボウルに②のだし汁を加え、さっくりと混ぜる。

### 焼く

**4** 卵焼器にサラダ油を多めに入れて、中火にかける。充分にサラダ油をならしたら、クッキングペーパーなどで油をふいて、③の卵液の1/3量を流し入れる。

**5** ④の卵液をスクランブル状にして、手前にまとめる。

**6** ⑤のまとめた卵を向こう側にずらす。手前にサラダ油をぬり、残りの卵液の1/3量を流し入れたら、向こう側にずらした卵をさいばしで持ち上げて、その下に卵液を流し入れる。

**7** ⑥の卵液が半熟状になったら、向こう側から手前に、卵をクルクルと巻きながらまとめる。

**8** ⑦と同じ要領で、残りの卵液を流し入れて、巻く。熱いうちに巻きすに取り形を整える。冷めてから食べやすい大きさに切る。

**9** ⑧のだし巻き卵を皿に盛りつけ、だいこんおろしをあしらい、しょうゆを落とす。

# 卵焼きのバリエーション

中身を少し変えるだけで、いつもと違う卵焼きの出来上がり
お弁当のおかずにもぴったりの2種類を紹介しましょう

## かに玉風卵焼き

ほんのり赤く色づく卵焼き
ごま油の風味が
さらにおいしさをアップ

**材料 2人分 20分**

- 卵……………………4個
- かに（缶詰・フレーク）
  　　　　　　　　小1缶
- 長ねぎ（みじん切り）
  　　　　　　　　大さじ1
- 塩……………………小さじ1/3
- ごま油………………適量

### 材料の準備をする

**1** かにフレークはほぐして、やわらかくする。

**2** ボウルに卵を割りほぐし、卵白をはしで切るように溶く。

**3** ②のボウルに①のかに、長ねぎのみじん切りを加えて混ぜ、さらに塩を加えて混ぜる。

### 焼く

**4** 卵焼器にごま油を入れて中火にかけ、充分にならす。③の1/3量を流し入れ、スクランブル状にし、手前にまとめる。

**5** ④を向こう側にずらす。手前にごま油をぬり、中火で残りの卵液の1/3量を流し入れたら、向こう側にずらした卵をさいばしで持ち上げて、その下に卵液を流し入れる。

**6** ⑤の卵液が半熟状になったら、向こう側から手前に、卵をクルクルと巻きながらまとめる。

**7** ⑥と同じ要領で、残りの卵液を流し入れて巻く。熱いうちに巻きすで形を整える。冷めてから食べやすい大きさに切る。

## ほうれん草入り卵焼き

ほうれん草をたくさん入れた栄養満点のおかず

**材料 2人分 25分**

- 卵……………………4個
- ほうれん草…………4株
- 生クリーム…………大さじ2
- 塩……………………小さじ1/3
- サラダ油……………大さじ1
- バター………………大さじ1/2

### ほうれん草の準備をする

**1** ほうれん草を水で洗って、水気を切る。

**2** 鍋に水を入れ強火で沸騰させる。①のほうれん草を根元から入れ、かために茹でる。

**3** ②の茹でたほうれん草を水にさらして、水気を絞り、3～4cm長さに切る。

**4** ボウルに卵を溶き、塩、生クリーム、③のほうれん草を加えて、混ぜる。

### 焼く

**5** フライパンにサラダ油を入れて強火にかける。バターを加えて、④の卵液を一度に全部流し入れ、スクランブル状に混ぜる。

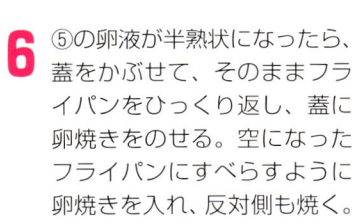

**6** ⑤の卵液が半熟状になったら、蓋をかぶせて、そのままフライパンをひっくり返し、蓋に卵焼きをのせる。空になったフライパンにすべらすように卵焼きを入れ、反対側も焼く。

# 目玉焼き

卵白が少しかたまったら
水を加え蓋をして1分
定番目玉焼きをおいしくするコツ

| 材料 2人分 15分 | |
|---|---|
| 卵 | 2個 |
| サラダ油 | 小さじ1 |
| 水 | 小さじ2 |
| 塩 | 適量 |
| こしょう | 適量 |
| ブロッコリー | 1/4株 |
| ミニトマト | 2個 |

### 卵の準備をする
**1** 小さな器の中に卵を1個、割り入れる。

### 焼く
**2** フライパンにサラダ油を入れて弱火にかけ、充分に温めたら、①の卵を静かに入れ、焼く。

**3** ②の卵白が白くかたまってきたら、水を小さじ1加えて、蓋をし、1分くらい焼く。

**4** ③の目玉焼きに好みで、塩、こしょうをふる。

### 付け合わせをつくる
**5** ブロッコリーは小房に分けて、塩茹でをしたらすぐにザルにあげる。

**6** ミニトマトは半分に切る。

### 盛りつける
**7** ④の目玉焼きを皿に盛りつけ、⑤のブロッコリーと⑥のミニトマトを盛りつける。

# もう一品ほしい時のおかず

あと一品…ちょっと物足りない時に大活躍
ささっとつくれるスピードメニューから、
メインになるような
ボリュームメニューまで

# ほうれん草のごま和え

香ばしいごまをたっぷり使った人気の小鉢
食べる直前に和えるのが、ポイント

| 材料 2人分 20分 | |
|---|---|
| ほうれん草 | 2/3束 |
| 塩 | 小さじ1 |
| しょうゆ | 大さじ1/2 |
| だし汁 | 大さじ1/2 |
| 白ごま | 大さじ3 |
| 砂糖 | 大さじ1 |
| しょうゆ | 小さじ1 |

### ほうれん草を洗う

**1** ほうれん草は、水につけながら、根元の泥などをよく洗い流して、ザルにあげ、水気を切る。

### Point 太い部分は、切り込みを入れる

**2** ①の根元の太い部分に、包丁で十文字に切り込みを入れる。（火の通りを均一にするため）

### 茹でる

### Point 根元から湯に入れる

**3** 沸騰した湯に塩を加え、②を根元から入れて茹でる。

**4** 葉の部分も湯に入れて、再沸騰させ、2分くらいゆがく。

**5** ④の根元の部分を湯から取り出し、手でつまみ、かたさを見る。

### Point 水気をしっかり絞る

**6** ⑤がゆであがったら、水にさらし、充分に冷ましてから、しっかりと水気を絞る。

### Point 下味をつける

**7** 水気を絞った⑥を4～5㎝長さに切る。根元は食べやすいように切り込みを入れ、ボウルに入れる。大さじ1/2のしょうゆとだし汁を合わせたもので下味をつける。

### 白ごまを炒る

**8** 鍋に白ごまを入れ、鍋を動かしながら、中火で香ばしく炒る。すり鉢に入れ、よくすり、砂糖、小さじ1のしょうゆを加える。

### 和える

**9** 食べる直前に、⑦の水気をよく絞り、手でさばきながら、⑧に加え、和える。

# 和え物のバリエーション

**あっという間につくれる和え物は、あと一品ほしい時に大活躍
和え衣にひと工夫して、バリエーションを増やしましょう**

## アスパラガスのごまマヨネーズ和え

色鮮やかに茹でたアスパラガスとにんじんには
マヨネーズとごまがぴったり

**材料 2人分**

グリーンアスパラガス…4本
にんじん……………1/2本
塩……………小さじ1/2
┌ マヨネーズ…大さじ1・1/2
│ 白すりごま……大さじ1
│ 塩……………小さじ1/4
└ 酢……………小さじ1

**15分**

### 材料の準備をする

1. グリーンアスパラガスは根から2cmくらいのかたい部分を切り落とし、下半分の皮を薄くむき、半分の長さに切る。

2. にんじんは皮をむき、1cm角、4cm長さの拍子切りにする。

### 茹でる

3. 沸騰した湯に小さじ1/2の塩を加え、①のグリーンアスパラガスの根の方を先に入れる。

4. ③の鍋を再沸騰させ、①の穂先の部分を加え、やわらかくなるまで茹でる。

5. ④を鍋から取り出し、水にさらして、3等分に切る。

6. 同じ鍋で、②のにんじんを、やわらかくなるまで茹でたら、ザルにあげ、冷ます。

### タレをつくる

7. ボウルにマヨネーズ、白すりごま、小さじ1/4の塩、酢を入れて、混ぜ合わせる。

8. 器に⑤のグリーンアスパラガスと⑥のにんじんを合わせて盛りつけ、⑦のタレをかける。

もう一品ほしい時のおかず・野菜

## ぬた

酢みそのタレで和えたぬた それぞれの素材に下味をつけるのが、ポイント

**材料 2人分** ⏱30分

- むらさきいか（胴のみ）…80g
  - 酢………………小さじ1
- わけぎ……………100g
  - しょうゆ………小さじ1
- 生わかめ…………20g
  - しょうゆ………小さじ1/2
  - 酢………………小さじ1
- みそ………………30g
  - 砂糖……………大さじ1強
  - だし汁…………大さじ2
  - 酢………………大さじ1
  - 溶き辛子………小さじ1/2

### 材料の準備をする

**1** むらさきいかを短冊切りにして、熱湯でさっと湯通しをし、水気を切って、小さじ1の酢をかける。

**2** わけぎは根を切り、長いまま茹で、ザルにあげて冷ます。

**3** ②が冷めたら、包丁でしごいて、ぬめりを取る。3～4cm長さに切り、小さじ1のしょうゆをかける。

**4** ボウルに水を入れて、生わかめを加えて戻す。さっと湯通しをし、きれいな緑色に変わったら水にさらし、水気を切る。2～3cm角に切ったら、小さじ1/2のしょうゆと小さじ1の酢をかける。

### 酢みそをつくる

**5** 小鍋にみそ、砂糖、だし汁を加え、よく混ぜ合わせてから中火にかけて、さっと練り合わせる。冷ましてから、小さじ1の酢と溶き辛子を加え混ぜる。

### 和える

**6** ①のいか、③のわけぎ、④のわかめの水気を切って、⑤のみそで和える。

## なすといんげんのごまみそ和え

なすを炒めるひと手間がコクのある仕上がりの決め手

**材料 2人分** ⏱20分

- いんげん…………20g
  - 塩………………小さじ1/2
- なす………………2個
- サラダ油…………大さじ1
- みそ………………30g
  - 白すりごま……大さじ1
  - みりん…………大さじ1
  - 酒………………大さじ1

### 材料の準備をする

**1** いんげんは筋を取る。沸騰した湯に小さじ1/2の塩を加え、いんげんをゆがく。水にさらしてから水気を切り、3～4cm長さに切る。

**2** なすはヘタを取り、縦に半分に切ってから、6～7mmの厚さに切る。

**3** フライパンにサラダ油を入れて中火にかけ、②のなすを加える。なすがしんなりするまで炒め焼く。

### タレをつくる

**4** ボウルにみそ、白すりごま、みりん、酒を加えて、よく混ぜ合わせる。

### 和える

**5** ④のボウルに①のいんげん、③のなすを加えて和える。

もう一品ほしい時のおかず・野菜

# こまつなのお浸し

シンプルに
かつおぶしでいただくお浸し
どんなメニューにも合う小鉢料理です

**材料 2人分 15分**

こまつな‥‥‥‥‥‥1/3束
塩‥‥‥‥‥‥小さじ1〜2
［しょうゆ‥‥‥大さじ1/2
　だし汁‥‥‥‥大さじ1/2
かつおぶし‥‥‥‥‥適量

### こまつなの準備をする

**1** こまつなは水に浸けながら、根元の泥を洗い流し、ザルにあげて水気を切る。

**2** 沸騰した湯に塩を加えて、①のこまつなを根元から入れ、少したってから葉を入れて茹でる。

### Point 充分に冷やす

**3** ②の根元を指でつまみ、やわらかくなっていたら、水にさらし、充分に冷やす。

**4** ③のこまつなを手で絞り、充分に水気を切る。

### 下味をつける

**5** ④をまな板などの上にのせる。しょうゆとだし汁を合わせ入れ、こまつなにふりかけて下味をつける。

**6** ⑤を4〜5cm長さに切り、水気を絞る。器に盛りつけ、かつおぶしをかける。

## こまつなの煮浸し

香ばしく焼いた油揚げがさっぱりこまつなにぴったり

**材料 2人分　15分**

| | |
|---|---|
| こまつな | 1/3束 |
| 塩 | 小さじ1〜2 |
| 油揚げ | 1枚 |
| だし汁 | 1・1/2カップ |
| しょうゆ | 大さじ1強 |
| みりん | 大さじ1・1/2 |
| 酒 | 大さじ1 |

### 材料の準備をする

**1** こまつなは水に浸けながら、根元の泥を洗い流し、ザルにあげて水気を切る。

**2** 沸騰した湯に塩を加え、①のこまつなを根元から入れ、少したってから葉を入れて茹でる。

**3** ②のこまつなの根元を指でつまみ、かたさをみる。やわらかくなっていたら、水にさらす。充分に冷やしたら絞って水気を切り、3〜4cm長さに切る。

**4** 焼き網を火にかけ、油揚げをのせる。両面に焦げ目がつくように焼き、三角形になるように切る。

### 煮る

**5** 鍋にだし汁、しょうゆ、みりん、酒を入れて混ぜ、③のこまつな、④の油揚げを加えて強火にかける。沸騰したら中火にし、さらに1〜2分煮る。

**6** ⑤の火を止め、煮含める。

## つまみなのお浸し

さっと茹でたつまみなとじゃこあっさり味のだしじょうゆで、和えるだけ

**材料 2人分　15分**

| | |
|---|---|
| つまみな | 1/2袋 |
| 塩 | 小さじ1〜2 |
| じゃこ | 大さじ1・1/2 |
| しょうゆ | 大さじ1 |
| だし汁 | 大さじ1 |

### 材料の準備をする

**1** つまみなを水でしっかり洗い、ザルにあげて水気を切る。

**2** 沸騰した湯に塩を加え、①のつまみなを入れて、茹でる。

**3** ②のつまみなを水にさらし、充分に冷ます。水気をよく絞って、ザク切りにする。

### しょうゆだしをつくる

**4** しょうゆとだし汁を合わせる。

**5** ③のつまみなをボウルに入れ、ほぐす。④の合わせたしょうゆだしの1/3量をかけて、下味をつける。

### 和える

**6** ⑤の水気を絞り、じゃこを混ぜ合わせ、残りのしょうゆだしで和える。

# 浅漬け

シャキシャキ歯ごたえと
しょうがのピリッが味のポイント

**材料 2人分　20分**
- かぶ……………………2個
- キャベツ………………2枚
- にんじん……………1/4本
- しょうが……………1かけ
- 塩…………小さじ3/5～1

**材料を切る**

1. かぶの実は皮をむいて、半分に切ってから薄切りにする。葉の部分は2cm長さに切る。

2. キャベツは芯を取り除き、3cmくらいの角切りにする。

3. にんじんは皮をむいて、4～5cm長さの薄い短冊切りにする。

4. しょうがは、皮を薄くむいて千切りにする。

**Point しんなりするまで重しをする**

5. ボウルに①のかぶ、②のキャベツ、③のにんじん、④のしょうがを入れて、塩をふり、全体をよく混ぜる。平皿を置き、その上にひとまわり小さいボウルに水を入れたものをのせて重しにする。

6. ⑤がしんなりしたら、水気をよく絞り、盛りつける。

ごま油の風味がきいたきんぴら
昔ながらの味を楽しみましょう

# れんこんのきんぴら

**材料 2人分** / **15分**

| | |
|---|---|
| れんこん | 170g |
| 赤唐辛子 | 1～2本 |
| ごま油 | 大さじ1 |
| だし汁 | 大さじ2 |
| しょうゆ | 大さじ1 |

### 材料を切る

**1** れんこんは皮をむいて、縦半分に切る。さらに半分に切ったら、端から2～3mmくらいの厚さに切る。水に放してアクを取ったら、さっと洗い、水気を切る。

**2** 赤唐辛子を水につける。やわらかくなったら、両端を切り、タネを洗い落として、輪切りにする。

### 炒める

**3** 鍋にごま油を入れ、強火にかけて、①のれんこんを炒める。全体に油がまわったら、②の赤唐辛子を加えて炒める。

**4** ③にだし汁、しょうゆを加え、たえず全体を混ぜながら、水分がなくなるようにからめる。

もう一品ほしい時のおかず・野菜

# ひじきのサラダ

さっぱり味をつけたひじきに
色鮮やかなピーマンのヘルシーサラダ

**材料 2人分**
- ひじき（乾燥）………50g
- だし汁…………2カップ
- しょうゆ………大さじ1
- 砂糖……………大さじ1
- 赤ピーマン………1/2個
- 黄ピーマン………1/2個
- オリーブオイル…大さじ3
- 塩………………小さじ1/2
- 酢………………大さじ2

**20分**

## ひじきの準備をする

**1** ひじきをボウルに入れて、水を加え、やわらかくなるまで浸ける。手でつまみあげて、ザルにあげて水気を切る。

**2** 鍋に①の戻したひじき、だし汁を入れて強火で沸騰させ、しょうゆ、砂糖を加えて、味をつける。

## ピーマン類の皮をむく

**3** 焼き網を温めたら、赤・黄ピーマンをのせ、全体を焼く。

**4** ③のピーマンを水にさらす。皮をむき、4～5cm長さ、1cm幅に切る。

## 混ぜ合わせる

**5** ボウルに汁気を切った②のひじきと、④のピーマン類を加えて混ぜ、全体にオリーブオイルをからませる。

**6** ⑤に塩、酢を加えて、さらに混ぜ合わせる。

## 材料 2人分 / 15分

- 生わかめ……………20g
- しょうゆ……小さじ1/2
- きゅうり……………1本
- 塩……………小さじ1/3
- しょうが…………ひとかけ
- みょうが……………2個
- 酢……………大さじ1
- 砂糖…………小さじ2
- 塩……………………少々
- しょうゆ……小さじ1/2

おなじみの和え物に
みょうがとしょうがを
ピリッときかせて

### わかめの準備をする

**1** 生わかめは、水で戻す。

**Point さっと湯にくぐらせる**

**2** 鍋に水を入れて強火で沸騰させ、①のわかめをさっとくぐらせる。きれいな緑色に変わったら、水にさらす。

**3** ②の水気を切って、3cm角に切る。小さじ1/2のしょうゆをかける。

### 他の材料の準備をする

**4** きゅうりを水で洗い、輪切りにして、小さじ1/3の塩をふる。しんなりしたら水気を絞る。

**5** しょうがも水で洗い、皮をむいて、千切りにする。

**6** みょうがを水で洗い、半分に切り、縦の薄切りにする。

### タレをつくる

**7** ボウルに酢、砂糖、塩少々、小さじ1/2のしょうゆを入れて、混ぜ合わせる。

### 和える

**8** 別のボウルに③、④、⑤、⑥の材料を入れて、⑦のタレでさっと和える。

# わかめときゅうりの酢和え

もう一品ほしい時のおかず・野菜

## 材料 2人分 25分

- 白こんにゃく……1/4枚
- にんじん……1/4本
- 生しいたけ……1枚
- いんげん……2本
- だし汁……2/3カップ
- 砂糖……大さじ1/2
- 塩……小さじ1/5
- しょうゆ……小さじ1/2
- 木綿豆腐……1/2丁
- 練り白ごま……20g
- 砂糖……大さじ1
- 塩……小さじ1/4
- しょうゆ……小さじ1/4

### 豆腐の水切りをする

**1** 沸騰した湯に木綿豆腐を入れて、湯通しをする。

**2** ザルにクッキングペーパーを敷き、①の豆腐をあげる。クッキングペーパーで包み、上に重しをのせて水気を切る。

### その他の材料の準備をする

**3** にんじんは皮をむく。白こんにゃくは湯通しをし、2cm長さ、1cm幅の短冊切りにする。

**4** 生しいたけは石づきを取り、薄切りにする。

**5** いんげんは筋を取り、斜めの薄切りにする。

### 煮る

**6** 鍋に③のにんじん、白こんにゃく、④の生しいたけ、⑤のいんげん、だし汁を入れて強火にかける。沸騰したら中火にし、さらに3〜4分煮る。

**7** ⑥に大さじ1/2の砂糖、小さじ1/5の塩、小さじ1/2のしょうゆを入れ、にんじんをやわらかく煮たら、ザルにあげ、汁気を切る。

### 衣をつくる

**Point** よくすり混ぜる

**8** ②の豆腐をすり鉢に入れて、よくする。練り白ごま、大さじ1の砂糖、小さじ1/4の塩、小さじ1/4のしょうゆを加えて、さらに混ぜる。

### 和える

**9** ⑧の衣に⑦の材料を加えて、からめるように和える。

豆腐のふんわり衣と具だくさんの野菜
なめらかな舌触りが、たまらない

# 白和え

# しいたけとこんにゃくの煮物

| 材料 2人分 | |
|---|---|
| 干ししいたけ | 3枚 |
| 黒こんにゃく | 1/2枚 |
| 豚赤身肉 | 100g |
| ごま油 | 大さじ1 |
| しいたけの戻し汁 | 1カップ |
| 砂糖 | 大さじ3 |
| しょうゆ | 大さじ3 |
| みりん | 大さじ1 |
| 酒 | 大さじ1 |
| 長ねぎ | 適量 |

20分

### 材料の準備をする

**1** 干ししいたけを水に浸けて充分に戻したら、水気を絞り、石づきを取る。大きいものは、1/3から1/2に切る。戻し汁は1カップ分を取っておく。

**2** 黒こんにゃくを手でひと口大にちぎり、湯でゆがき、ザルにあげる。

**3** 豚赤身肉を1㎝角、3～4㎝長さの拍子切りに切る。

**4** 長ねぎは千切りにする。

### 炒める

**5** 鍋にごま油を入れて強火にかける。③の豚赤身肉を加えて炒め、①のしいたけ、②の黒こんにゃくを炒める。

### 煮る

**6** ⑤の鍋に①のしいたけの戻し汁を加えて、強火で沸騰させ、3～4分煮て、アクを取る。

**7** ⑥の鍋に砂糖、しょうゆ、みりん、酒を入れて、煮汁がなくなるまで中火で煮る。

**8** ⑦を器に盛りつけ、④の長ねぎをあしらう。

煮汁がなくなるまで煮た、しっかり味
ごはんがたくさん食べられる一品

もう一品ほしい時のおかず・野菜

# やまいもの梅和え

シャキシャキした
やまいもの歯ごたえと
甘酸っぱい梅干しのタレを
楽しみましょう

**材料 2人分　10分**

| | |
|---|---|
| やまいも | 100g |
| 酢 | 小さじ2 |
| かいわれだいこん | 少々 |
| 梅干し | 2個 |
| かつおぶし | 少々 |
| みりん | 大さじ1 |

### 材料の準備をする

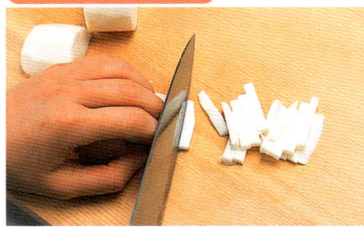

**1** やまいもは、4cm長さに切り、皮をむき、7mm角の拍子切りにする。

**2** ボウルに水と酢を入れ、①のやまいもをさっと入れたら、すぐザルに上げ水気を切る。

**3** かいわれだいこんの根を切り、水で洗い、水気を切る。

### タレをつくる

**4** 梅干しのタネをはずし、包丁でよくたたいて、ボウルに入れる。かつおぶし、みりんを加えて混ぜ合わせる。

### 和える

**5** ④のタレに②のやまいもを和える。器に盛りつけ、③のかいわれだいこんをあしらう。

| 材料 2人分 20分 | |
|---|---|
| なす | 3個 |
| 塩 | 小さじ1 |
| 青じそ | 2枚 |
| 溶き辛子 | 小さじ1・1/2 |
| 酢 | 大さじ1 |
| 砂糖 | 小さじ2 |
| しょうゆ | 大さじ1 |

しんなりなすにピリッと辛子
クセになる組み合わせ

### なすの準備をする

**Point** 塩をまぶして、しんなりしたなすをつくる

**1** なすを水で洗って、ヘタを切り、6～7mm厚さの半月に切る。塩をまぶしてしんなりさせる。

### タレをつくる

**2** ボウルに溶き辛子を入れ、酢でのばす。砂糖、しょうゆを加えて、混ぜ合わせる。

### 青じそを切る

**3** 青じそは、千切りにする。

### 和える

**4** ①のなすの汁気を絞り、②のボウルに加えて、和える。

**5** ④を器に盛りつけて、③の青じそを天盛りにする。

# なすの辛子酢漬け

もう一品ほしい時のおかず・野菜

# だいこんのサラダ

りんごの甘酸っぱさと
かいわれだいこんの
苦味がポイント

**材料 2人分**
**15分**

| | |
|---|---|
| だいこん | 1/2本 |
| りんご | 1/2個 |
| かいわれだいこん | 1パック |
| サラダ油 | 大さじ3 |
| 酢 | 大さじ2 |
| 塩 | 小さじ3/5 |

### 材料を切る

**1** だいこんは皮をむき、縦4つに切ってから、3mm厚さのいちょう切りにする。

**2** りんごは皮つきのまま半分に切り、芯を取って薄切りにする。

**3** 根を切ったかいわれだいこんを2つに切る。

### 和える

**4** ボウルに①のだいこん、②のりんご、③のかいわれだいこんを入れ、サラダ油を全体になじませる。

**5** ④に、酢、塩をさらに加え、からませる。

# れんこんの挟み揚げ

さっくりれんこんの中は、
ふんわりえび
抹茶を少しつけて、
いただきます

## 材料 2人分

| | |
|---|---|
| れんこん | 200g |
| えびすり身 | 130g |
| ┌ たまねぎ | 1/2個 |
| │ 背脂（豚） | 40g |
| │ しょうが汁 | 少々 |
| │ 塩 | 小さじ1/2 |
| └ 酒 | 小さじ1 |
| 片栗粉 | 適量 |
| 揚げ油 | 適量 |
| ┌ 抹茶 | 小さじ1/4 |
| └ 塩 | 小さじ1/2 |

25分

### 材料を準備する

**1** れんこんは皮をむき、7mmくらいの厚さの輪切りを12個つくる。さっと水を通した後、ザルに上げ水気を切る。

**2** たまねぎと背脂（豚）をみじん切りにする。

**3** えびのすり身に、②のたまねぎと背脂（豚）、しょうが汁、小さじ1/2の塩、酒を加えて、よく練り混ぜる。

**4** ①のれんこんに③のえびをのせ、さらにれんこんで挟む。

**5** ④のれんこん全体に片栗粉をまぶす。

### 揚げる

**Point 一度にたくさん入れない**

**6** 揚げ油を170℃に熱し、⑤のれんこんを揚げる。一度にたくさん入れると、油の温度が下がるので、少しずつ入れる。

**7** 抹茶と小さじ1/2の塩を混ぜ合わせ、好みで⑥のれんこんの挟み揚げにつける。

# ブロッコリーのかにあんかけ

ブロッコリーがたくさん食べられる
ボリュームのあるおかず

## 材料 2人分

- ブロッコリー……1株
- 塩……小さじ1
- かに（缶詰）……小1缶
- しょうが……1かけ
- 長ねぎ……5cm
- サラダ油……大さじ1
- 水……1カップ
- スープの素（顆粒）……小さじ1/4
- 塩……小さじ1/2
- 酒……大さじ1
- 砂糖……小さじ1
- 片栗粉……大さじ1
- 水……大さじ2

20分

### ブロッコリーを茹でる

**1** ブロッコリーは小房に分け、水に浸ける。茎は皮をそぎ、食べやすい大きさに切る。

**2** 沸騰した湯に小さじ1の塩を加え、①のブロッコリーを加え、茹でる。好みのかたさになったら、ザルにあげて水気を切る。

### あんをつくる

**3** しょうがと長ねぎをみじん切りにする。

**4** 鍋にサラダ油を入れ、中火で③のしょうがと長ねぎを炒める。香りが出てきたら、かにをほぐしながら加える。

**5** ④に、1カップの水とスープの素を加え、強火で2～3分煮る。

**6** ⑤に塩、大さじ1の酒、砂糖を加え、大さじ2の水で溶いた片栗粉を加える。

### 盛りつける

**7** ②のブロッコリーを器に盛りつけ、⑥のあんをかける。

# 焼きなす

なすを焼くだけの
シンプル料理
おつまみにも最適

**材料 2人分**
**15分**

なす……………………4個
おろししょうが………適量
┌しょうゆ……大さじ1・1/2
└だし汁…………大さじ3
しょうが汁………小さじ1

### なすを焼く

**1** なすは水で洗って、ヘタを切り、焼く準備をする。

**2** 焼き網を火にかけ、①のなすを強火で焼く。なすを転がしながら、全体を焼く。手で触り、かたさをみる（熱いので注意）。やわらかくなっていたら、水にくぐらせる。

**3** ②のなすの皮を手早くむいて、手でさく。

### しょうゆだしをつくる

**4** しょうゆ、だし汁を合わせ、③のなすに大さじ2くらいをかけて、冷ます。

**5** ④の残りのしょうゆだしに、小さじ1のしょうが汁を加えて、混ぜる。

### 盛りつける

**6** ④のなすを皿に盛りつけ、⑤のしょうゆだしをかけ、おろししょうがをあしらう。

もう一品ほしい時のおかず・野菜

# にんじんのサラダ

スライサーであっという間に千切りに
シンプルなドレッシングで和えるだけ

**材料 2人分 10分**
- にんじん……………1本
- 塩……………小さじ1/2
- 酢……………大さじ2
- サラダ油……………大さじ3

### にんじんを切る

**1** にんじんは皮をむいて、スライサーで繊維を切るように、肩の方から切る。

### 和える

**2** ボウルに①のにんじんを入れる。塩を全体に加えて、さっと手で混ぜる。

**3** ②に酢を加えて混ぜ、最後に全体にサラダ油を加えて混ぜ、味をなじませる。

# やまかけ

まぐろに下味をつけるのが
おいしさのポイント
お酒のおつまみに、ピッタリ

| 材料2人分 15分 | |
|---|---|
| まぐろ | 100g |
| わさび | 少々 |
| しょうゆ | 小さじ1 |
| やまといも | 120g |
| 青のり | 少々 |
| しょうゆ | 少々 |

**まぐろを切り、下味をつける**

**1** まぐろをぶつ切りにする。

**2** わさびを小さじ1のしょうゆでのばし、①のまぐろに和えて、下味をつける。

**やまといもをおろす**

**3** やまといもは使う部分の皮をむき、おろし金ですりおろす。

**盛りつける**

**4** ②のまぐろを器に盛りつける。その上に③のやまといもをかけ、青のりを散らし、しょうゆ少々をかける。

もう一品ほしい時のおかず・野菜

# 和風ハンバーグ

ふんわりジューシーに焼き上げたハンバーグ
さっぱりねぎソースとだいこんおろしでいただきます

## 材料 2人分

- 牛豚合びき肉……200g
- たまねぎ……1/2個
- にんじん……1/4本
- 生しいたけ……1枚
- サラダ油……大さじ1/2
- パン粉……大さじ3
- 水……大さじ2
- 卵……1個
- 塩……小さじ1/3
- こしょう……少々
- サラダ油……大さじ1
- 万能ねぎ……5本
- サラダ油……小さじ1
- しょうゆ……大さじ2
- だいこんおろし……200g
- ミニトマト……2個

30分

### 材料を切る

**1** たまねぎは薄皮をむき、縦と横に切り込みを入れて、みじん切りにする。

**2** にんじんは皮をむき、みじん切り、生しいたけは石づきを切り、同じようにみじん切りにする。

**3** パン粉と水を合わせて、しっとりとさせる。

### 炒める

**4** フライパンに大さじ1/2のサラダ油を入れて強火にかけ、①のたまねぎをきつね色になるまで炒め、②のにんじんとしいたけを入れて、さらに炒め、冷ます。

### ハンバーグをつくる

**5** ボウルに牛豚合びき肉、③のパン粉、④の野菜、卵、塩、こしょうを入れる。

**Point ねばりが出るまで混ぜる**

**6** ⑤をねばりが出るまで、しっかりと混ぜる。

**Point 空気を抜く**

**7** ⑥の肉を2つに分ける。手にサラダ油(分量外)をぬり、空気を抜くように、手にたたきつけて、形を整える。

### ハンバーグを焼く

**8** フライパンに大さじ1のサラダ油を入れて強火にかけ、⑦のハンバーグに焦げ目がつき、中まで火が通るように焼く。

**9** ⑧に焦げ目がついて、中まで火が通ったら裏返す。裏面も焼いたら、皿に取る。

### ソースをつくる

**10** 万能ねぎを5cm長さに切る。

**11** ⑨のフライパンに、小さじ1のサラダ油を加えて、⑩の万能ねぎを炒め、しょうゆを加えて⑨のハンバーグの上にのせる。

**12** ハンバーグにだいこんおろしをかけ、⑪のソースをかける。ミニトマトを半分に切り添える。

もう一品ほしい時のおかず・肉

| 材料 2人分 | |
|---|---|
| 豚赤身薄切り肉 | 8枚 |
| 塩 | 小さじ1/5 |
| こしょう | 少々 |
| グリーンアスパラガス | 4本 |
| レモン | 1/4個 |
| 小麦粉 | 適量 |
| 溶き卵 | 適量 |
| パン粉 | 適量 |
| 揚げ油 | 適量 |

15分

### 材料の準備をする

**1** グリーンアスパラガスの根元から1cm分を切り落とし、下半分くらいの薄皮をむく。

**2** 豚赤身薄切り肉は、全体に塩、こしょうをする。

### 巻く

**3** ①のグリーンアスパラガスを②の豚肉で、クルクルと巻く。グリーンアスパラガスの両端には、肉を巻かない。

### 衣をつける

**4** ③全体に小麦粉をつける。余分な粉は、はたき落とす。

**Point 余分な小麦粉は落とす**

**5** ④に溶き卵をつける。

**6** ⑤のまわりにパン粉をしっかりとつける。

### 揚げる

**7** 揚げ油を170℃に熱し、⑥の豚肉を揚げる。途中、転がしながら、全体に火を通す。

**8** ⑦がこんがりと揚げあがったところ。盛りつける時に、半分に切る。付け合わせにくし型に切ったレモンを添える。

# 豚肉のアスパラガス巻き

アスパラガスを豚肉でクルクル巻いたら
パン粉をしっかりつけて、さっと揚げれば出来上がり

# 蒸し鶏のサラダ

鶏肉を蒸し汁に浸けて、旨みを逃がさない
これが、おいしいさの秘訣

**材料 2人分**

- 鶏むね肉……………1枚
- 塩……………小さじ1/4
- 酒……………大さじ2
- 水……………大さじ2
- しょうが(薄切り)……5枚
- レタス……………1/2玉
- きゅうり……………1本
- ラディッシュ………3個
- 粒マスタード…小さじ2
- 酢……………大さじ2
- 塩……………小さじ1/2
- サラダ油………大さじ3

**25分**

### 鶏肉を蒸す

**1** 鶏むね肉は、厚い部分を開くように包丁を入れて、小さじ1/4の塩をふる。

**2** 鍋に①を入れ、酒、水をふり、しょうがを散らす。蓋をして強火にかける。沸騰したら中火にし、3〜4分したら火を止め蓋をしたまま10分蒸す。

### Point 手で裂く

**3** ②が冷めたら、鶏むね肉の繊維に沿って、手で裂き、②の蒸し汁につけておく。

### 他の材料を準備する

**4** レタスは水で洗って、水気を切り、手でちぎる。きゅうりは縦半分に切り、斜め切りにする。ラディッシュは薄い輪切りにする。

### ドレッシングをつくる

**5** ボウルに粒マスタードを入れ、酢、小さじ1/2の塩でのばし、サラダ油を入れて混ぜる。

### 和える

**6** ⑤に、蒸し汁を切った③を入れ、④の野菜を加えて和える。

# ささみのレモン和え

焼いたささみが香ばしい
おくらとレモンの色合いもきれい

**材料 2人分**
- 鶏ささみ……………3本
- 塩……………小さじ1/3
- 酒……………大さじ1
- おくら………………4本
- 塩………………少々
- レモン薄切り………1枚
- レモン汁………1/2個分
- 塩……………小さじ1/2

**15分**

### 鶏ささみを焼く

**1** 鶏ささみに小さじ1/3の塩、酒をふり、5～6分おく。

**2** 焼き網を熱し、①のささみをのせて、焦げ目がつくように、両面を焼き、食べやすい大きさに手で裂く。

### 他の材料を準備する

**3** おくらに塩少々をまぶして、熱湯でゆがいたら、水にさらして、3mmの斜め切りにする。

**4** レモンの薄切りは、皮を取り、放射状に8つに切る。

### 和える

**5** ボウルに②のささみ、③のおくら、④のレモンを入れ、レモン汁と小さじ1/2の塩で和える。

もう一品ほしい時のおかず・肉

# 鶏肉のおろし煮

鶏肉と野菜の旨みをぎっしりつめて
だいこんおろしでさっぱり味に

**材料 2人分**
- 鶏もも肉‥‥‥‥‥1枚
- 片栗粉‥‥‥‥‥大さじ2
- しめじ‥‥‥‥‥1パック
- にんじん‥‥‥‥‥1/3本
- みつば‥‥‥‥‥‥適量
- だし汁‥‥‥‥‥2カップ
- しょうゆ‥‥大さじ1・1/2
- 砂糖‥‥‥‥‥‥大さじ2
- 塩‥‥‥‥‥‥小さじ1/3
- だいこんおろし‥‥‥300g

⏱ 15分

### 鶏肉の準備をする

**Point 薄く片栗粉をまぶす**

**1** 鶏もも肉をひと口大に切り、片栗粉を薄くまぶす。

### 他の材料の準備をする

**2** にんじんは皮をむき、5㎝長さ1㎝幅の短冊切りに、しめじは根の部分を切り、小房に分ける。みつばは先をつまむ。

### 煮る

**3** 鍋にだし汁、しょうゆ、砂糖、塩を入れ強火にかけて煮立てる。①の鶏もも肉、②のにんじん、しめじを加え、火が通るまで5分くらい煮る。

**4** ③に火が通ったら、最後にだいこんおろしを加え、ひと煮立ちさせ、②のみつばを散らす。

# 鶏つくねの照り焼き

タレをしっかりからめた鶏つくね
お弁当のおかずにも活躍しそうな一品です

**材料 2人分 / 20分**

- 鶏ひき肉……………200g
- たまねぎ…………1/4個
- しょうが……………1かけ
- やまいも（すりおろし）
  …………大さじ1
- 片栗粉…………大さじ1
- 塩…………小さじ1/3
- しょうゆ…………大さじ3
- 砂糖…………小さじ2
- みりん…………大さじ3
- 酒…………大さじ3
- サラダ油…………大さじ1
- 青じそ……………適量

### 材料を切る
**1** たまねぎ、しょうがはみじん切りにする。

### つくねをつくる
**2** ボウルに鶏ひき肉、①のたまねぎ、しょうが、やまいものすりおろし、片栗粉、塩を加え、ねばりが出るまで、しっかりと混ぜ、8個にまとめる。

### 焼く
**3** フライパンにサラダ油を入れて強火にかけ、②のつくねを焼く。

**4** ③がきつね色になったら、裏返し、反対側も焼く。中まで火が通ったら、皿に取る。

### タレをからめる
**5** ④のフライパンの油をクッキングペーパーでふき取り、しょうゆ、砂糖、みりん、酒を入れて、強火で煮立てる。

**6** ⑤のフライパンに④のつくねを戻し入れ、両面にタレをからめる。青じそを添える。

もう一品ほしい時のおかず・肉

# 豚しゃぶのサラダ

ごまの風味がきいたタレ
シャキシャキサラダでいただきます

## 材料 2人分

- 豚しゃぶしゃぶ用肉…150g
- 片栗粉……大さじ1・1/2
- 練り白ごま……大さじ3
- 砂糖……………大さじ2
- 塩………………小さじ2/5
- しょうゆ………大さじ1
- 酢………………大さじ2
- レタス……………………2枚
- きゅうり………………1/2本
- にんじん………………1/4本
- だいこん…………………5cm
- 青じそ……………………3枚

20分

### 豚肉を湯にくぐらせる

**1** 豚肉に薄く片栗粉をまぶし、さっと湯にくぐらせる。

### タレをつくる

**2** ボウルに練り白ごま、砂糖、塩、しょうゆ、酢を入れて、混ぜ合わせる。

### 他の材料を準備する

**3** レタス、きゅうり、にんじん、だいこんは千切りにし、水に放して、パリッとさせたら、ザルにあげて水気を切る。

**4** 青じそは水で洗い、水気を切ってから、千切りにする。

### 盛りつける

**5** ③の野菜を皿に盛りつけ、①の豚肉をのせる。②のタレをかけ、④の千切りの青じそを天盛りにする。

# ベーコンともやしの
# カレー風味和え

**材料 2人分** (15分)

- ベーコン…………3枚
- もやし……………1/2袋
- かいわれだいこん
  　………1/2パック
- カレー粉………大さじ1
- 酢………………大さじ2
- 塩……………小さじ1/4

### 材料の準備をする

1. ベーコンは1cm幅に切り、さっと湯通しをして、水気を切る。
2. もやしは根を取り、湯通しをして、水気を切る。
3. 水で洗ったかいわれだいこんは水気を切り、根を切ってから、2cmに切る。

### タレをつくる

**Point よく混ぜる**

4. 小鍋にカレー粉を入れ、から炒りする。冷ましてから、ボウルに移し、酢、塩を加えて、粉気がなくなるまで、よく混ぜる。

### 和える

5. ①のベーコン、②のもやし、③のかいわれだいこんを合わせ、④のタレで和える。

さっと湯通しをしたベーコンだから、さっぱり味に仕上がります
子どもにも人気のカレー味

もう一品ほしい時のおかず・肉

# たこときゅうりの酢和え

たこときゅうりは同じくらいの大きさに切って
歯ごたえを楽しみます

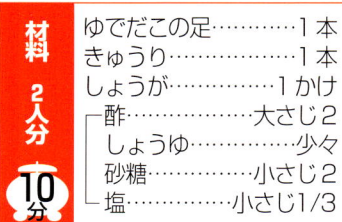

**材料 2人分 10分**
- ゆでだこの足……………1本
- きゅうり……………………1本
- しょうが……………………1かけ
- 酢……………………………大さじ2
- しょうゆ……………………少々
- 砂糖…………………………小さじ2
- 塩……………………………小さじ1/3

**材料を切る**

**1** たこの足をひと口大のぶつ切りにする。

**2** きゅうりは、ひと口大の乱切りにする。しょうがは、皮をむいて、千切りにする。

**三杯酢をつくる**

**3** 酢、しょうゆを合わせ、砂糖、塩を加えて、溶かし混ぜる。

**和える**

**4** ボウルに①のたこと②のきゅうり、しょうがを合わせ、③の三杯酢で和える。

# あさりの酒蒸し

あさりの旨味とにんにくの香り
万能ねぎを散らして
和風に仕上げましょう

**材料 2人分　40分**
- あさり…………………250g
- にんにく………………1かけ
- 赤唐辛子………………1本
- 白ワイン………1/4カップ
- 万能ねぎ(小口切り)……大さじ2

### あさりの準備をする
**1** あさりを水でよく洗いバットなどに入れる。水を加えて、30分くらいおいて砂をはかせる。

### 他の材料を準備する
**2** にんにくは薄皮をむき、薄切りに。赤唐辛子は水に浸け、やわらかくなったら両端を切りタネを取り、輪切りにする。

### 蒸す
**Point 蓋をして、蒸す**

**3** 鍋に①、②のにんにく、赤唐辛子を入れ、白ワインをふる。蓋をして強火にかける。

**4** ③のあさりの口が開いたら皿に盛り、万能ねぎを散らす。

# 貝柱とかぶ和え

しんなりしたかぶを
貝柱の旨みだけでさっと和える

**材料 2人分**
貝柱(缶詰)……………小1缶
［かぶの実……………3個
　塩………………………少々
さやえんどう……………2枚

⏱10分

### 材料を準備する

**1** 貝柱は、缶から出して、細かくほぐす。

**2** かぶの実は皮をむいて、半分に切り、2mmの薄切りにする。

**3** ボウルに②のかぶを入れ、塩をふりかける。しんなりしたら、水気を絞る。

**4** 筋を取ったさやえんどうは、熱湯でゆがき、水にさらしてから千切りにする。

### 和える

**5** ①の貝柱と③のかぶを和え、④のさやえんどうを散らす。

# かにとわかめのサラダ

少しのかにで、
さっとつくれるから
あと一品…という時に
活躍します

**材料 2人分 15分**
- ゆでかにの足(鍋用)……3〜4本
- 生わかめ……………20g
- 酢……………大さじ3
- 塩……………小さじ1/3
- しょうゆ……小さじ1
- 砂糖…………大さじ1
- だし汁………大さじ1

### 材料を準備する

**1** かに足は、カラから取り出して、ほぐし、軟骨を取り除く。

**2** 生わかめを水で戻して、熱湯をくぐらせる。きれいな緑色に変わったら、水にさらして、水切りをする。

**3** ②のわかめを、食べやすい大きさに切る。

### タレをつくる

**4** 酢、塩、しょうゆ、砂糖、だし汁を合わせ、塩、砂糖が溶けるように混ぜる。

### 下味をつける

**5** ①のかに、③のわかめに④のタレを少しずつかけて、下味をつける。

### 盛りつける

**6** 器にわかめ、かにを盛りつけ、残りのタレをかける。

もう一品ほしい時のおかず・魚介

**Point** 豆腐は水切りをする

## 材料 2人分

| | |
|---|---|
| 木綿豆腐 | 1丁 |
| 塩 | 適量 |
| サラダ油 | 大さじ4 |
| にんにく | 1かけ |
| 万能ねぎ | 1本 |
| 生しいたけ | 2枚 |
| しめじ | 1/2パック |
| えのきだけ | 1/2袋 |
| しょうゆ | 大さじ2 |
| 酒 | 大さじ2 |

20分

### 材料の準備をする

**1** 木綿豆腐をクッキングペーパーに包んで、水切りをする。

**2** ①の豆腐を、1.5～2cmの厚さに切り、塩を全体にふりかける。

**3** 生しいたけは石づきを取り薄切りに。しめじは石づきを切り、小房に分ける。えのきだけも石づきを切り、2つに切る。

**4** 万能ねぎを小口切りに、にんにくは皮をむき薄切りにする。

### きのこソースをつくる

**5** フライパンに大さじ2のサラダ油を入れ、③を中火で炒めて、皿に取る。

**6** ⑤の空のフライパンに大さじ2のサラダ油を足し入れ、④のにんにくを入れる。香りがつくように弱火で温め、カリッとさせたら皿に取る。

### 豆腐を焼く

**7** ②の豆腐を⑥の空のフライパンに入れ、両面に焼き色がつくまで焼く。しょうゆ、酒を合わせ、半分量を加えて味をつけ、皿に盛りつける。

### 仕上げる

**8** ⑦に⑤を戻し入れる。⑦のしょうゆと酒の残り半分をかけ、温め、豆腐ステーキの上にかける。⑥のにんにくと④の万能ねぎを散らす。

# 豆腐ステーキきのこソースがけ

色よく焼いた豆腐に
たっぷりきのこソースをかけていただきます
焼いたにんにくの香りがポイントです

# おからコロッケ

コロコロボールのようなコロッケ
細かいパン粉で、カリッと揚げましょう

**材料 2人分**

| | |
|---|---|
| おから | 100g |
| 鶏むね肉 | 25g |
| にんじん | 1/4本 |
| ごぼう | 1/4本 |
| 生しいたけ | 1枚 |
| 万能ねぎ | 4本 |
| だし汁 | 3/4カップ |
| 砂糖 | 大さじ1 |
| しょうゆ | 大さじ1 |
| 塩 | 少々 |
| サラダ油 | 大さじ1/2 |
| 小麦粉 | 適量 |
| 溶き卵 | 適量 |
| パン粉 | 適量 |
| 揚げ油 | 適量 |
| パセリ | 適量 |

40分

### 材料を切る
**1** 鶏むね肉を7～8cmの角切りにする。

**2** にんじんは皮をむいて、みじん切りにする。ごぼうは皮をこそげ落として、みじん切りにする。

**3** 生しいたけは石づきを取り、みじん切りに、万能ねぎは小口切りにする。

### 炒める
**4** 鍋にサラダ油を入れて強火にかけ、①の鶏むね肉、②のにんじん、ごぼう、③のしいたけを加えて、全体に油がまわるように炒める。

### 煮る
**5** ④の材料に油がまわったら、だし汁を加える。強火で4～5分煮たら、砂糖、しょうゆ、塩を加え、にんじんがやわらかくなるまでさらに煮る。

**6** ⑤の鍋におからを加える。充分に汁を含ませながら、炒るように混ぜる。

**7** ⑥の鍋に③の万能ねぎを加えて、混ぜる。

### コロッケをつくる
**8** ⑦のタネを冷ましてから10等分にして、まるめる。

**9** ⑧のタネに、小麦粉、溶き卵、パン粉の順につける。

### 揚げる
**10** 揚げ油を175℃くらいに熱し、全体に色がつくまで⑨を揚げる。紙にのせ、油を切ったら、皿に盛りつけ、パセリを添える。

# がんもどきとさつまいもの煮物

ホクホクさつまいもと甘味の染み込んだ、がんもどきのハーモニー

**材料 2人分**
- がんもどき……………4個
- さつまいも……………1本
- さやえんどう…………4枚
- 塩………………………適量
- だし汁………………2カップ
- 砂糖………………大さじ2・1/2
- 塩………………………小さじ3/5
- しょうゆ……………小さじ1

**30分**

### 材料の準備をする

**1** 鍋に水を入れて強火にかける。沸騰したら、がんもどきを入れて、油抜きをし、ザルにあげる。

**2** さつまいもを水で洗い、皮つきのまま、1.5cm幅の輪切りにし、水に放してアクを取り、水気を切る。

**3** さやえんどうの筋を取る。沸騰した湯に塩を加えて茹でる。水にさらして、斜めの千切りにする。

### 煮る

**4** 鍋に①のがんもどきと②のさつまいもを入れ、だし汁を加え強火にかける。沸騰したら中火にして4〜5分煮る。

**5** ④の鍋に砂糖、塩を加えて、さらに中火で5分くらい煮たら、しょうゆを落とす。

**6** ⑤のさつまいもがやわらかくなったら、火を止めて、そのまま煮含める。器に盛りつけ③のさやえんどうを添える。

## 材料 2人分

| | |
|---|---|
| 厚揚げ | 1枚 |
| 豚薄切り肉 | 40g |
| 長ねぎ | 1/2本 |
| しょうが | 1かけ |
| にんじん | 1/4本 |
| たけのこ（水煮） | 1/2個 |
| 万能ねぎ | 2本 |
| みそ | 40g |
| 酒 | 大さじ2 |
| しょうゆ | 小さじ1 |
| サラダ油 | 大さじ1・1/2 |

15分

### 材料の準備をする

**1** 鍋に水を入れて強火にかける。沸騰したら、厚揚げを加えて油抜きをする。

**2** ①の厚揚げを縦半分に切り、端から1cm幅に切る。

**3** 豚薄切り肉は、ひと口大に、長ねぎは斜め薄切りに、しょうがは皮をむいて、薄切りにする。

**4** たけのこは、縦半分に切り、薄切りにする。にんじんは、皮をむいて、4～5cm長さ、1cm幅の短冊切りにする。万能ねぎは、小口切りにする。

### タレをつくる

**5** ボウルにみそ、酒、しょうゆを入れて混ぜ合わせる。

### 炒める

**6** フライパンにサラダ油を入れて強火にかけ、③の豚肉を炒める。

**7** ⑥の豚肉に火が通ったら、③のしょうが、④のたけのこ、にんじんを加えて、さらに強火で炒める。

**Point** 厚揚げが崩れないように

**8** ⑦の材料に火が通ったら、②の厚揚げと③の長ねぎを加えて、厚揚げの形が崩れないように中火で炒める。

**9** ⑧のフライパンに⑤のタレを加え、全体にからめる。最後に④の万能ねぎを散らす。

# 厚揚げのみそ炒め

みそダレが厚揚げにからまった、中華風の味がごはんに合います

もう一品ほしい時のおかず・大豆加工食品

# 豆腐のサラダ

油で炒めたじゃこをジュワーっとかけて
アツアツをいただきましょう

**材料 2人分 10分**

| | |
|---|---|
| 木綿豆腐 | 1丁 |
| トマト | 1個 |
| きゅうり | 1/2本 |
| 塩 | 小さじ1 |
| じゃこ | 大さじ2 |
| ごま油 | 大さじ2 |

### 材料を準備する

**1** 木綿豆腐はクッキングペーパーに包んで、水切りをし、1.5cm角に切る。

**2** トマトは、水でさっと洗って、水気を切る。ヘタを取って、角切りにする。

**3** きゅうりは水で洗って、縦半分に切ってから、さらに1cm幅に切る。

**4** 皿に①の木綿豆腐、②のトマト、③のきゅうりを盛りつけ、塩を全体にふりかける。

### じゃこを炒める

**5** 小鍋にごま油を入れ中火にかけ、じゃこを炒めたら、熱いうちに④の上にかける。

# 納豆おくら和え

ネバネバ納豆とおくらに
たくあんの歯ごたえをプラス

## 材料 2人分

| | |
|---|---|
| 納豆 | 1パック |
| おくら | 4本 |
| たくあん | 40g |
| しょうゆ | 大さじ1 |
| 溶き辛子 | 小さじ1/2 |

⏱ 10分

### 材料の準備をする

**1** 鍋に水を入れて強火にかける。沸騰したらおくらをゆがき、水にさらす。水気を切ってから薄い輪切りにする。

**2** たくあんをみじん切りにする。

### 納豆を混ぜる

**3** ボウルに納豆を入れて、粘りがでるまで、よく混ぜる。

**Point しっかり混ぜる**

**4** ③のボウルに①のおくら、②のたくあんを加えて、さらによく混ぜる。しょうゆ、溶き辛子を加え、最後にもう一度混ぜる。

もう一品ほしい時のおかず・大豆加工食品

# 卵豆腐

フワフワやわらかい卵豆腐
取り立てのだしの風味が、さらにおいしさをアップ

**材料 2人分**
- 卵……………………4個
- だし汁………………1カップ
- 塩……………………小さじ2/5
- しょうゆ……………小さじ1/2
- だし汁………………大さじ4
- しょうゆ……………小さじ2
- 木の芽………………適量

**30分**

### 卵液を準備する

**1** 卵をひとつずつ割り、ボウルに合わせ入れ、卵白を切るように、よく溶く。

**2** 1カップのだし汁に塩、小さじ1/2のしょうゆを合わせ、塩をよく溶かすように混ぜる。

**Point 卵液を濾して、なめらかにする**

**3** ①の卵液に②のだし汁を合わせる。濾し器で濾し、きめ細かくしてから、型に入れる。

### かけ汁をつくる

**4** 大さじ4のだし汁と小さじ2のしょうゆを合わせる。

### 蒸す

**5** 蒸気のあがった蒸し器に③の型を入れ、強火にかける。1〜2分して卵液の表面が白く変わったら弱火にし、さらに15〜20分蒸す。

### 冷やして、切る

**6** ⑤を型ごと水の中に入れて冷ます。冷めたら型からはずし、食べやすい大きさに切る。

### 盛りつける

**7** ⑥を器に盛りつけ、④のかけ汁をかけて、木の芽を飾る。

# 桜えびの炒り卵

色鮮やかな桜えび
ふんわり半熟状に卵液を炒めるのが、ポイント

| 材料 2人分 10分 | |
|---|---|
| 卵 | 3個 |
| 桜えび | 10g |
| 塩 | 小さじ1/4 |
| 酒 | 大さじ1 |
| サラダ油 | 小さじ1 |

### 桜えびを戻す

**Point 形を崩さないように**

**1** 桜えびをボウルに入れて、水を加えて、やわらかくなるまで戻す。形が崩れないように、やさしく水気を絞る。

### 卵の準備をする

**2** ボウルに卵を割り入れ、①の桜えびと塩、酒を加えて混ぜる。

### 炒める

**3** フライパンにサラダ油を入れ、②の卵液を全部流し入れる。強火でかき混ぜながら、半熟状にまとめる。

もう一品ほしい時のおかず・卵

# 温泉卵

ツルンととろける白身の中は、
黄身がちゃんと固まってる
このバランスが魅力です

**材料 2人分 25分**
- 卵⋯⋯⋯⋯⋯4個
- 塩⋯⋯⋯⋯⋯大さじ1
- だし汁⋯⋯⋯1カップ
- みりん⋯⋯⋯小さじ1
- 塩⋯⋯⋯⋯⋯小さじ1/5
- しょうゆ⋯⋯小さじ1/2
- 木の芽⋯⋯⋯適量

### 卵の準備をする
**1** 卵を冷蔵庫から出して、常温にする。

### 湯を準備する
**Point 湯は80℃にする**

**2** 鍋に10カップの水(分量外)を入れ強火にかける。沸騰したら大さじ1の塩を加え、火を止め、3カップの水(分量外)を加え、80℃にする。

### 卵を入れる
**3** ②の鍋に、ザルに入れた①の卵を、そのまま入れ、蓋をして15分おく。

**4** ③を15分おいたら、卵を取り出す。

### タレをつくる
**5** 鍋にだし汁、みりん、小さじ1/5の塩、しょうゆを入れて強火にかけ、沸騰させる。

### 盛りつける
**6** ④の卵の殻をむき、器に盛りつける。⑤のタレをかけ、木の芽を飾る。

# 一汁三菜の献立

ごはん、汁物、おかずが三品
ボリュームたっぷりの献立メニューを紹介
栄養のバランスもとれて、うれしいものばかり

# 鮭の塩焼きの献立

**厚揚げのみそ炒め・わかめときゅうりの酢和え・豚汁・ごはん**

シンプルな鮭の塩焼きは
具だくさんの豚汁と合わせて、
ボリュームアップ

**材料 2人分 90分**

甘塩鮭（切り身）…2切れ
酒………………小さじ1
だいこんおろし………適量

厚揚げのみそ炒め→P.97
わかめときゅうりの酢和え→P.69
豚汁→P.121

### 焼き網を準備する
**1** 焼き網は魚をのせる面を直火で充分に焼いておく。

### 焼く
**Point 盛りつける側を先に焼く**

**2** ①の焼き網に、鮭の表側を下にしてのせ、中火で焼く。

**3** ②の半分くらいまで火が通ったら、裏返して反対側も焼く。

### 盛りつける
**4** ③の鮭を皿に盛りつけ、表面に酒をはけでぬり、だいこんおろしを添える。

# 揚げ豚の薬味ソースがけの献立

ブロッコリーのかにあんかけ・ひじきの五目煮・かき卵汁・ごはん

カリっと揚げた豚肉
揚げたてにソースをかけていただきます

## 材料 2人分

- 豚薄切り肉……200g
- しょうゆ……小さじ2
- 酒……大さじ1/2
- 小麦粉……適量
- 揚げ油……適量
- グリーンリーフ……2枚
- 長ねぎ……10cm
- しょうが……1/2かけ
- にんにく……1/2かけ
- しょうゆ……大さじ4
- 酢……大さじ3
- 砂糖……小さじ1
- ごま油……大さじ1

60分

ブロッコリーのかにあんかけ→P.76
ひじきの五目煮→P.18
かき卵汁→P.121

### 豚肉に下味をつける

**1** 豚薄切り肉は、ひと口大に切り、小さじ2のしょうゆ、酒を全体にふりかけて、下味をつける。

### 揚げる

**2** ①の豚肉の表面に小麦粉を薄くまぶす。

**3** 揚げ油を180℃に熱し、②の豚肉を揚げる。

### ソースをつくる

**4** 長ねぎ、しょうが、にんにくはみじん切りにする。

**5** ボウルに大さじ4のしょうゆ、酢、砂糖、ごま油を入れる。④の薬味を加えて、よく混ぜる。

### 盛りつける

**6** グリーンリーフは水で洗う。

**7** 皿に、水気を切ったグリーンリーフをしき、③の豚肉をのせ、⑤のソースをかける。

一汁三菜の献立

# ぶりの照り焼きの献立

筑前煮・こまつなの煮浸し・豆腐とわかめのみそ汁・ごはん

よく焼いて、
余分な脂分を
しっかりふき取って
タレを充分にからませれば、
出来上がり

**材料 2人分　60分**

- ぶり切り身………2切れ
- 塩……………小さじ1/4
- サラダ油………大さじ1/2
- 砂糖…………大さじ2
- みりん………大さじ1/2
- しょうゆ………大さじ2
- 酒……………大さじ1・1/2
- だいこんおろし………50g

筑前煮→P.16
こまつなの煮浸し→P.65
豆腐とわかめのみそ汁→P.118

### ぶりの準備をする
**1** ぶりの切り身の両面に塩をふり、ザルにのせる。10分くらいおいたら、水気をクッキングペーパーでふき取る。

### タレをつくる
**2** 砂糖、みりん、しょうゆ、酒を合わせる。

### 焼く
**3** フライパンにサラダ油を入れ火にかけ、①のぶりの盛りつける時に表になる側をフライパンの面につけて、焼く。

**4** ③のぶりに焦げ目がついて、身の半分くらいまで火が通ったら、裏返して片面も焼く。

### Point 余分な脂分をふき取る
**5** ④のぶりはそのままにして、フライパンに出てきた脂分を、クッキングペーパーでふき取る。②のタレを入れて、煮からめる。

**6** 皿に⑤のぶりを盛りつけ、だいこんおろしを添えて、フライパンに残っているタレをかける。

ひと口サイズの食べやすい串揚げ
種類もいっぱいで、
栄養のバランスもバッチリ

# 串揚げの献立

かぼちゃの煮物・だいこんのサラダ・
油揚げとこまつなのみそ汁・ごはん

## 材料 2人分

| | |
|---|---|
| 豚もも肉 | 1枚(厚さ2cm) |
| 塩 | 少々 |
| こしょう | 少々 |
| 長ねぎ | 6cm |
| えび | 4尾 |
| 塩 | 少々 |
| 酒 | 小さじ1 |
| 青じそ | 2枚 |
| キャベツ | 1枚 |
| 塩 | 少々 |
| こしょう | 少々 |
| ベーコン | 1枚 |
| かぼちゃ | 150g |
| 塩 | 少々 |
| 小麦粉 | 適量 |
| 溶き卵 | 適量 |
| パン粉 | 適量 |
| 揚げ油 | 適量 |
| レモン | 適量 |

60分

かぼちゃの煮物→P.20
だいこんのサラダ→P.74
油揚げとこまつなのみそ汁→P.120

### 材料を準備する

**1** 豚もも肉を2cm角のサイコロ型に切り、塩、こしょうをする。

**2** 長ねぎは2cm幅に切り、串に①の豚肉、長ねぎ、豚肉の順番にさす。

**3** えびを水で洗って、水気を切り、背わたを取る。殻をむき、塩、酒をふる。

**4** 青じそを縦半分に切り、③のえびをくるみ、串にさす。

**5** キャベツは、湯でゆがいて、塩、こしょうをし、4〜6枚に切る。3cmくらいの幅になるように、クルクルとしっかり巻く。

**6** ベーコンは4cmくらいの長さに切り、クルクルと巻く。

**7** 串に⑤のキャベツ、⑥のベーコン、⑤のキャベツの順番にさす。

**8** かぼちゃを2cm角に切り、湯でさっとゆがく。塩をふり、串に3つずつさす。

### 揚げる

**9** 準備した串にそれぞれ、小麦粉、溶き卵、パン粉をつける。

**10** 揚げ油を170℃に熱して、⑨の衣をつけた串を揚げる。

### 盛りつける

**11** ⑩の串揚げを盛りつける。レモンをくし型に切り、添える。

一汁三菜の献立

# いわしの蒲焼の献立

うの花・なすといんげんのごまみそ和え
さといもとたまねぎのみそ汁・ごはん

**材料 2人分**

- いわし……………2尾
- 酒……………小さじ1
- しょうゆ……小さじ1
- しょうが汁………少々
- 小麦粉……………適量
- サラダ油………大さじ2
- しょうゆ………大さじ2
- 酒………………大さじ2
- みりん…………大さじ2
- 砂糖……………大さじ1
- ブロッコリー……1/2株
- 塩…………小さじ1/2
- 溶き辛子…小さじ1/4
- しょうゆ………大さじ1

**90分**

うの花→P.50
なすといんげんのごまみそ和え→P.63
さといもとたまねぎのみそ汁→P.120

甘めのタレをからめていただく
ごはんにぴったりのおかず

### いわしをおろす

**1** いわしのうろこを取り、水で洗う。頭を落とし、腹を切り、内臓を取り出す。手早く水で洗い、水気をふき取る。

**2** ①のいわしの中骨にそって、親指を差し込み、開いて、中骨を取る。

### 下味をつける

**3** ②に小さじ1の酒としょうゆ、しょうが汁少々をかけて、下味をつけ、10分おき、水気をふき取る。

### 焼く

**4** ③のいわしに小麦粉を薄くまぶす。

**Point 皮目を先に焼く**

**5** フライパンにサラダ油を入れて火にかけ、④のいわしの皮の方を上にして焼き始める。

**6** ⑤のフライパンを動かしながら、いわしを焼く。焼き色がついたら、裏返して身の方を焼き、火が通ったら、皿に取る。

**7** ⑥のフライパンに出た脂分をふき取り、しょうゆ、酒、みりん（各大さじ2）と大さじ1の砂糖を加え、強火で沸騰させ、タレをつくる。⑥のいわしを戻し入れ、タレをからめる。

### 付け合わせの準備をする

**8** ブロッコリーを水で洗い、小房に分ける。沸騰した湯に塩を加え、茹でる。茹であがったら、ザルにあげて冷ます。

**9** 溶き辛子を大さじ1のしょうゆで溶き、⑧のブロッコリーに和える。

**10** ⑦のいわしを皿に盛りつけ、⑨の溶き辛子じょうゆで和えたブロッコリーを添える。

# 和風ポトフの献立

わかさぎの南蛮漬け・きんぴらごぼう・貝柱とかぶ和え・ごはん

鶏肉の旨みが
たっぷりのスープ
野菜がたくさんでうれしい

**材料 2人分 60分**
- 鶏もも骨付き肉……2本
- 塩……………小さじ1/2
- こしょう……………少々
- サラダ油…………大さじ1
- たまねぎ………………1個
- にんじん………………1本
- 長ねぎ…………………1本
- じゃがいも……………2個
- かぶ……………………2個
- 水………………5カップ
- 塩………………小さじ1
- しょうゆ………小さじ1

わかさぎの南蛮漬け→P.45
きんぴらごぼう→P.22
貝柱とかぶ和え→P.92

### 鶏もも肉の準備をする

**1** 鶏もも骨付き肉を食べやすい大きさに切り、小さじ1/2の塩、こしょうをする。

**2** フライパンにサラダ油を入れて火にかける。①の鶏もも肉を入れて、強火で全体に焦げ目をつけるように焼く。

### 他の材料の準備をする

**3** たまねぎはくし型に切る。にんじんは皮をむいて、6〜7cm長さに切り、縦半分に切る。

**4** 長ねぎは6〜7cm長さに切る。じゃがいもは皮をむいて、4つに切り、水に放す。

**5** かぶは葉を2cmくらい残して切り、皮をむいて半分に切る。葉は6〜7cm長さに切る。

### 煮る

**6** 鍋に5カップの水、③のたまねぎ、にんじん、④の長ねぎを入れて、強火にかける。沸騰したら弱火にしてさらに10分くらい煮る。

**7** ⑥の鍋に④の水気を切ったじゃがいも、⑤のかぶの実を加える。

**8** ⑦に②を加えて、沸騰するまで強火、その後中火で10分煮て、小さじ1の塩、しょうゆを加える。

**9** ⑧のにんじん、じゃがいもがやわらかくなったら、火を止めて30分以上常温で冷まし、煮含める。

### 仕上げる

**10** 食べる直前に⑨を温め、⑤のかぶの葉を入れて、火を通す。

# 魚のホイル焼きの献立

アルミ箔に材料を包んで焼くだけ
手間がかからず、すぐできる

**肉豆腐・浅漬け・あさりのみそ汁・ごはん**

## 材料 2人分 (50分)

- さわら切り身……2切れ
  - 塩……………小さじ1/4
  - こしょう………少々
- たまねぎ……………1/4個
- トマト………………1/2個
- スライスチーズ………2枚
- いんげん……………2本
- バター………………大さじ1
- 白ワイン……………大さじ2
- レモン………………適量

肉豆腐→P.48
浅漬け→P.66
あさりのみそ汁→P.120

### 材料の準備をする

**1** さわらの切り身をひと口大に切り、塩、こしょうをする。

**2** たまねぎは薄皮をむいて、根を切り、1cm幅に切る。

**3** トマトは湯にさっと通し、皮をむき、タネを取り、1cm角に切る。

**4** いんげんの筋を取り、斜めの薄切りにする。

### アルミ箔に材料をのせる

**5** アルミ箔を20cm四方に切り、②のたまねぎを散らし、①のさわらをのせる。

**6** ⑤の上に③のトマト、1cm角くらいに切ったスライスチーズ、バターをのせ、白ワインをふりかけ、④を散らす。

### Point ふんわりと包む

**7** ⑥のアルミ箔の手前と反対側を持ち、中に空気を含ませるように、ふんわりと包む。

### 焼く

**8** オーブントースターに⑦を入れて、7〜8分くらい焼く。

### 盛りつける

**9** レモンをくし型に切って、⑧を皿に盛りつけ、添える。

# あらとごぼうの炊き合わせの献立

ほうれん草入り卵焼き・切り干しだいこんの煮物・じゃがいもとしいたけのみそ汁・ごはん

あらはきちんと茹でて、きれいに洗えばあとは煮るだけ
あらの旨みをたっぷり含んだごぼうと木の芽を添えて、香りよくいただきます

**材料 2人分**

| | |
|---|---|
| ぶりのあら | 400g |
| ごぼう | 1本 |
| しょうが | 1かけ |
| 木の芽 | 適量 |
| 水 | 2カップ |
| 酒 | 1/2カップ |
| 砂糖 | 大さじ2 |
| みりん | 大さじ3 |
| しょうゆ | 大さじ3 |

**60分**

ほうれん草入り卵焼き→P.57
切り干しだいこんの煮物→P.21
じゃがいもとしいたけのみそ汁→P.120

### あらの準備をする

**1** あらは5cmくらいの大きさに切る。

**2** 鍋に水を入れて強火で沸騰させ、①のあらを入れる。色が変わったら、水にさらす。

**Point 水で洗う**

**3** ②のあらの血合いなどを、きれいに水で洗い流す。

### 他の材料を準備する

**4** ごぼうは皮をこそげ落として、5〜6cm長さに切り、太い部分は4つ割りにし、水に放す。

**5** しょうがは水で洗って、皮をむき、千切りにする。

### 煮る

**6** 鍋に2カップの水、酒と④のごぼうを入れ、強火にかける。沸騰したら中火にして、ごぼうがやわらかくなるまで煮る。

**7** ⑥の鍋に砂糖、みりん、しょうゆを加える。③のあらと⑤のしょうがを加えて、充分に味が染み込むように中火で煮る。

### 盛りつける

**8** ⑦を器に盛りつけ、木の芽をあしらう。

# 配膳の決まり

**おいしい料理をつくったら、テーブルにセッティング
ここでは、和食の配膳の決まりを紹介しましょう**

- 焼き物や刺し身
- 煮物
- 香の物
- ごはん
- 汁物
- はし

テーブルセッティングといっても、決して難しいことはありません。食事の時間をスムーズに楽しく過ごすための決まり事。基本さえ覚えてしまえば、後はアレンジすることもできます。

ここでは、一汁三菜メニューの場合を紹介しましょう。まず手前に、はしを置きます。向かって左側にごはん、右側に汁物、中央に香の物、左側の奥に焼き物や刺し身などのメイン料理を、右側の奥に肉や野菜の炊き合わせや煮物を置きます。

全体的に統一感を出すために、器の素材を同じものに揃えておくとよいでしょう。

# はしと茶わんの持ち方

**よりスムーズにきれいに食事をするために
正しいはしと茶わんの持ち方をマスター**

和食では、はしの扱い方ひとつで、食事がスムーズで、見た目にもきれいになります。より美しく食べるためにも、正しいはしの扱い方をマスターしましょう。

はしの先から2/3あたりのところを、右手の親指、人さし指、中指で持ちます。はしを動かす時は、手前のはしは動かさず、向こう側のはしを3本の指で持って動かします。

茶わんは左手で持ちます。親指が茶わんの中に入らないように気をつけて、他の4本の指を揃えて茶わんの底を支えます。汁物などの椀も同じように持ちます。姿勢を正しく、きちんとはしと茶わんを持って、食事をいただきましょう。

# だしが決め手の汁物

おいしい汁物は、和食には欠かせません
かつおぶし、昆布、煮干しなどで
しっかりだしを取って
季節の野菜をふんだんに使って、
汁物をつくってみましょう

## 汁物の決め手
# おいしいだしの取り方

## かつおぶしと昆布のだし

かつおぶしを使っただしは、あっさりとしています
汁物だけでなく、和食全般に使えるだしです

**材料**
水…………3・3/4カップ
だし昆布……………6g
かつおぶし…………12g

**1** 昆布についている砂を乾いた布巾などで、はらい落として、切り目を3～4ヶ所入れる。

**2** 鍋に分量の水と①の昆布を入れて火にかける。沸騰する少し前、昆布から細かい気泡が出てきたら、昆布を取り出す。

**3** ②の鍋にかつおぶしを入れて、弱火にし、1分煮て、そのまま火を止める。かつおぶしが鍋の底に沈むのを待つ。

**4** ③のかつおぶしが鍋の底に沈んだら、ボウルにザルをのせ、ぬれ布巾をかけて濾す。

なんといってもおいしいだしが汁物の味を左右します
ここでは、「かつおぶしと昆布」「煮干しと昆布」のだしの取り方を紹介します
ポイントをつかんで、素材の旨みを充分に出しましょう

# 煮干しと昆布のだし

煮干しを使っただしは、コクのある味
あっさりした具と合わせても、味わいが深くなります

**材料**
水‥‥‥‥‥‥3・3/4カップ
だし昆布‥‥‥‥‥‥‥‥6g
煮干し‥‥‥‥‥‥‥‥15g

**1** 煮干しは頭と内臓を取り除く。昆布は乾いた布巾で砂を払い、切り目を入れる。

**2** ①の煮干しを鍋に入れ、中火で乾煎りする。

**3** ②の鍋に分量の水と①の昆布を加えて火にかける。

**4** ③が沸騰する前、昆布から細かい気泡が出てきたら、昆布を取り出す。さらに6分くらい中火で煮だし、ボウルにザルをのせ、ぬれ布巾をかけて濾す。

だしが決め手の汁物

## ちょっとひと工夫
# 残っただしの材料でつくる一品

だしを取った残りの材料で、
手軽につくれるふりかけや
つくだ煮を紹介
常備菜にもなるから、
とっても便利

## かつおぶしのふりかけ

**材料 2人分 / 10分**

| | |
|---|---|
| だしを取った残りのかつおぶし | 30g |
| しょうゆ | 大さじ1 |
| みりん | 大さじ1 |
| 青のり | 大さじ1 |
| 白いりごま | 大さじ1 |
| じゃこ | 大さじ2 |

### 材料を準備する
**1** だしを取った残りのかつおぶしの水気を充分に切って、細かくみじん切りにする。

### 電子レンジにかける
**2** ①のかつおぶしをクッキングペーパーなどの上に、ほぐしながらのせ、電子レンジに2～2分半くらいかけて、水分を飛ばす。

### 火を通す
**3** 鍋に②を入れて弱火にかけ、しょうゆ、みりんを加えて、かき混ぜながら、さっと火を通す。

**4** ボウルに③を入れて、青のり、白いりごま、じゃこを加えて、混ぜ合わせる。

## 昆布としいたけのつくだ煮

**材料 2人分 / 10分**

| | |
|---|---|
| だしを取った残りの昆布 | 40g |
| 干ししいたけ | 2枚 |
| しょうゆ | 大さじ1・1/2 |
| 砂糖 | 大さじ1 |
| 干ししいたけの戻し汁＋水 | 1・1/2カップ |

### 材料を準備する
**1** だしを取って残った昆布を、角切りにする。

**2** 干ししいたけは水で戻して、石づきを取り、千切りにする。干ししいたけの戻し汁は取っておき、水と合わせて1・1/2カップにする。

### 煮る
**3** 鍋に①の昆布と②のしいたけ、しいたけの戻し汁と水を加えて強火にかける。沸騰したら、しょうゆ、砂糖を加えて、アクを取りながら、汁気がなくなるまで中火で煮る。

## これを知っていれば大丈夫
# おいしい汁物をつくるポイント

せっかくつくった汁物が、味気なかったり風味がなかったり
そんなことはありませんか？
ここでは3つのポイントを紹介します。これで安心！

## ポイント1

**しっかりとだしを取る**

　なんといっても、おいしい汁物をつくるためには、おいしいだしを取ることが大切です。

　好みで「かつおぶしと昆布」「煮干しと昆布」だしを使い分けます。どちらも風味をそこなわないようにするため、沸騰させないように注意します。昆布は沸騰する前に、昆布から小さな気泡が出てきたら、取り出すようにしましょう。

　取っただしは、臭みを出さないようにすぐに濾します。濾す時には、無理に絞らないようにします。せっかくのおいしいだしに、渋さが加わるからです。

　取っただしは、できるだけすぐに使うようにしましょう。

## ポイント2

**みそを入れたら、沸騰させない**

　おいしいみそ汁をつくる時には、あらかじめだし汁でみそを溶いておき、みそを鍋に加えた後、グラグラと沸騰させないようにします。沸騰させてしまうと、せっかくのみその風味が飛んでしまうからです。

　豚汁のように、みそを加えて煮る場合は、分量のみそを全部一度に入れないで、先に半量を加えて、最後に残りを加えるようにします。

## ポイント3

**旬の野菜を使う**

　最後に、具に使う野菜選びです。

　野菜は、できるだけ旬のものを選ぶようにしましょう。旬の野菜は、おいしいだけでなく、栄養がたっぷりあるといわれていますので、それらの野菜を具に使えば、汁物の味もまた格別となります。

　春は、キャベツ、なのはな、アスパラガスなど。夏は、なす、かぼちゃなど。秋は、きのこ類など。冬は、ごぼう、だいこん、はくさいなどが旬の野菜になります。

　最近は、季節感がなくなって、一年中いろいろな野菜が出回っていますが、できるだけその季節に合った野菜を選ぶようにしましょう。

## 便利なだしパック

　だしを取る手間を省きたい時に活躍するのが、だしパック。だしの材料を細かくして、不織布に入れたものです。鍋に分量の水とだしパックを入れて火にかけるだけで、本格的なだしが取れます。

　市販されているものは、商品によって使われている材料が違います。かつおぶし、さばぶし、昆布、煮干し、しいたけなどをいくつか組み合わせているので、一度試してみて、好みの味を探してみるのもよいですね。

## だしの保存方法

　おいしい汁物をつくるためには、その都度だしを取るのが基本ですが、時間がなく、だしを取る手間を省きたい時は、つくり置きしておいただしを使う、という方法もあります。

　取っただしは、容器に入れて密閉しておけば、2～3日くらいの間、冷蔵保存ができます。容器は、冷蔵庫でも場所を取らず、使いやすいペットボトルがおすすめです。

## 基本のみそ汁
# 豆腐とわかめのみそ汁

人気の豆腐とわかめのみそ汁
基本のみそ汁のつくり方を
マスター

### 材料 2人分 15分
| | |
|---|---|
| 絹ごし豆腐 | 1/2丁 |
| 生わかめ | 20g |
| 長ねぎ | 1/3本 |
| だし汁（かつおぶしと昆布） | 3カップ |
| みそ | 40〜50g |

### だしを取る
**1** かつおぶしと昆布だしを取る。（だしの取り方はP.114）

### 材料の準備をする
**2** 絹ごし豆腐を1cm角に切る。

**3** 生わかめは水に浸けて戻し、ひと口大に切る。

**4** 長ねぎを小口切りにする。

### みそ汁をつくる

**Point みそは溶いておく**

**5** ボウルにみそを入れ、①の少量のだし汁で溶く。

**6** 鍋に①のだし汁を入れて火にかける。温まったら⑤のみそを加えて、②の絹ごし豆腐、③のわかめを加え、沸騰しないように注意しながら温める。最後に④の長ねぎを散らす。

# けんちん汁

具だくさんの汁物のひとつ
根菜たっぷりで、
寒い季節にぴったり

| 材料 2人分 | |
|---|---|
| 木綿豆腐 | 1丁 |
| 鶏もも肉 | 100g |
| だいこん | 80g |
| にんじん | 1/4本 |
| さといも | 2個 |
| ごぼう | 1/4本 |
| 長ねぎ | 1/3本 |
| いんげん | 4本 |
| 塩 | 適量 |
| サラダ油 | 大さじ2 |
| だし汁（かつおぶしと昆布） | 4カップ |
| 塩 | 小さじ2/3 |
| しょうゆ | 大さじ1 |

30分

## だしを取る

**1** かつおぶしと昆布だしを取る。（だしの取り方はP.114）

## 材料の準備をする

**2** 木綿豆腐をクッキングペーパーに包み、水気を切って、手で大きめにほぐす。

**3** 鶏もも肉は1cm角に切る。

**4** だいこん、にんじんは皮をむいて、いちょう切りにする。さといもは、皮をむいて輪切りにする。

**5** ごぼうは皮をこそげ落とし、輪切りにして、水に放す。長ねぎは1cm幅に切る。

**6** 沸騰した湯に塩（適量）を加えて、筋を取ったいんげんを茹でる。水に取り、1cm長さに切る。

## 炒める

**7** 鍋にサラダ油を入れて強火にかけ、③の鶏もも肉を炒め、④と⑤の野菜を加え、中火で炒める。

**8** ⑦の鍋に②の木綿豆腐を加えて、全体に油がまわるようにする。

**9** ⑧の鍋にだし汁を加えて、強火で沸騰させ、アクを取り、15〜20分中火で煮る。

**10** ⑨の鍋に小さじ2/3の塩、しょうゆで味をつけ、最後に⑥のいんげんを加える。

# みそ汁の具のバリエーション

**毎日飲むみそ汁だから、マンネリにならないように、いろいろな具を楽しみましょう**

## 油揚げとこまつなのみそ汁

**材料 2人分** / **15分**

- こまつな……………120g
- 油揚げ………………1枚
- だし汁（かつおぶしと昆布）
  　　　　　　……………3カップ
- みそ……………40〜50g

### だしを取る
**1** かつおぶしと昆布だしを取る。（だしの取り方はP.114）

### 材料の準備をする
**2** 油揚げは湯通しをして、油を抜く。縦半分に切り、端から1cm幅に切る。

**3** こまつなは水で洗い、水気を切って、根の部分を切り落とし、5cm長さに切る。

### みそ汁をつくる
**4** ①の少量のだし汁で、みそを溶かす。

**5** 鍋に①のだし汁と②の油揚げを入れて強火で沸騰させ、油揚げの味を出す。

**6** ⑤の鍋に③のこまつなを加えて、煮る。

**7** ⑥のこまつなに火が通ったら、④のみそを加える。

## じゃがいもとしいたけのみそ汁

**材料 2人分** / **20分**

- じゃがいも…………1個
- 生しいたけ…………3枚
- さやえんどう………10g
- だし汁（煮干しと昆布）
  　　　　　　……………4カップ
- みそ……………40〜50g

### だしを取る
**1** 煮干しと昆布だしを取る。（だしの取り方はP.114）

### 材料の準備をする
**2** じゃがいもは皮をむいて、大きめのひと口大に切る。

**3** 生しいたけは石づきを取り、千切りにする。さやえんどうは筋を取り、斜めの千切りにする。

### みそ汁をつくる
**4** ①の少量のだし汁でみそを溶かす。

**5** 鍋に①のだし汁と②のじゃがいも、③のしいたけを入れて強火にかける。沸騰したら弱火にして、じゃがいもがやわらかくなるまで煮る。

**6** ⑤の鍋に④のみそを加えて、③のさやえんどうを加える。

## さといもとたまねぎのみそ汁

**材料 2人分** / **20分**

- さといも……………2個
- たまねぎ……………1/2個
- 青のり………………適量
- だし汁（煮干しと昆布）
  　　　　　　……………4カップ
- みそ……………40〜50g

### だしを取る
**1** 煮干しと昆布だしを取る。（だしの取り方はP.114）

### 材料の準備をする
**2** さといもは皮をむいて、輪切りにする。たまねぎは薄皮をむいて、薄切りにする。

### みそ汁をつくる
**3** ①で取った少量のだし汁で、みそを溶く。

**4** 鍋に①のだし汁、②のさといも、たまねぎを加え強火にかける。沸騰したらアクを取り、弱火にし、さといもがやわらかくなるまで煮る。

**5** ④の鍋に③のみそを加える。

**6** ⑤をわんに盛りつけて、好みで青のりをふる。

## 豚汁

**材料 2人分**
- 豚ばら薄切り肉……60g
- さといも……2個
- にんじん……1/4本
- だいこん……50g
- 黒こんにゃく……1/4丁
- ごぼう……1/6本
- 長ねぎ……1/4本
- だし汁(かつおぶしと昆布)……4カップ
- 赤みそ……40～50g
- サラダ油……大さじ1
- 七味唐辛子……適量

**30分**

### だしを取る
1. かつおぶしと昆布だしを取る。(だしの取り方はP.114)

### 材料の準備をする
2. 豚ばら薄切り肉をひと口大に切る。
3. さといもは皮をむいて、半月に切る。
4. にんじんは皮をむいて、半月またはいちょう切りにする。だいこんは皮をむいて、いちょう切りにする。
5. 黒こんにゃくを短冊切りにして、湯通しをする。ごぼうは皮をこそげおとし、ささがきにして、水に放しアクを取る。長ねぎを小口切りにする。

### 炒める
6. 鍋にサラダ油を入れて火にかけ、②の豚肉を色が変わるまで炒めたら、長ねぎ以外の野菜を加え、さらに炒める。

### 煮る
7. ⑥の鍋にだし汁を加え、赤みその半量を加えて、強火にかける。沸騰したら中火にし、野菜がやわらかくなるまで煮る。
8. 残りの赤みそを少量の煮汁で溶かし、⑦に加えて温める。
9. わんに⑧を盛りつけ、⑤の長ねぎを散らす。好みで七味唐辛子をふる。

## あさりのみそ汁

**材料 2人分**
- あさり(殻つき)……250～300g
- 万能ねぎ……2本
- 水……3カップ
- みそ……40～50g

**10分**

### 材料の準備をする
1. バットなどに真水を入れ、その中にあさりを20分ほど浸けて砂をはかせる。
2. ①のあさりを水で洗い、殻についているぬめりを取る。
3. 万能ねぎを小口切りにする。

### みそ汁をつくる
4. 鍋に分量の水と②のあさりを入れ強火にかける。沸騰したら弱火にし、あさりの口が開くまで煮て、アクを取る。
5. ④の煮汁でみそを溶かす。
6. ⑤のみそを④の鍋に加えて、③の万能ねぎを散らす。

※あさりの砂出し あさりは、買ってきてすぐに使う場合は真水、時間をおく場合は海水程度の塩水につけます。

## かき卵汁

**材料 2人分**
- 卵……1個
- だし汁……大さじ1
- だし汁(かつおぶしと昆布)……3カップ
- 塩……小さじ1/3
- しょうゆ……小さじ1
- 片栗粉……小さじ2
- 水……小さじ4
- しょうが……少々

**15分**

### だしを取る
1. かつおぶしと昆布だしを取る。(だしの取り方はP.114)

### 材料の準備をする
2. ボウルに卵を割り入れ、卵白を切るように溶きほぐす。大さじ1のだし汁を加えて混ぜる。
3. しょうがは皮をむいて、すりおろし、絞り汁を取る。
4. 片栗粉と水を混ぜて、水溶き片栗粉をつくる。

### かき卵汁をつくる
5. 鍋に①の3カップのだし汁を入れて強火にかける。沸騰したら、塩、しょうゆで味をつける。
6. ⑤を中火にして、④の水溶き片栗粉を入れる。②の卵を糸のように全体に流し入れ、ひと呼吸おいて、玉じゃくしで静かに混ぜる。
7. わんに⑥を盛りつけ、好みで③のしょうが汁を入れる。

だしが決め手の汁物

# 汁物をおいしくする吸い口

いつもの汁物に変化をつけたい時
吸い口を添えてはいかが？
風味がアップ、さらにおいしくなります

### こしょう
挽きたての、香りが豊かな状態で使うと、よりおいしくなります。味にパンチが加わって、いつもと違う味が楽しめます。

### 木の芽
山椒の若芽で、とても香りが高い木の芽。使う時は、手の平にのせ、もう片方の手でたたいて、香りを出してから使います。

### ゆず
ゆずの皮を薄く切って、千切りにします。好みで皮を削っても風味が豊かになります。季節感が漂う、味わい豊かな汁物に仕上がります。

### 七味唐辛子
唐辛子、山椒、ごまなどの薬味が入った香辛料。少量でピリッと味がひきしまります。体を温める作用もあります。

### あさつき
どんな汁物にも合う吸い口のひとつ。彩りとして、見た目もきれいになります。小口切りにして、冷凍保存しておくと便利。

### しょうが
ここではしょうが汁にしていますが、千切りやみじん切りにして使うこともできます。さっぱりとした仕上がりになります。

### 青のり
のりの風味が食欲をそそります。青緑色が彩りを添えてくれ、見た目もよくなります。いろいろな汁物に合う、便利な吸い口です。

### しそ
和食には欠かせない薬味のひとつ。千切りにして、香りを充分に出して使います。さわやかな味に仕上がり、彩りもきれいになります。

### 溶き辛子
ピリッとした辛さがおいしい、溶き辛子。一度にたくさん入れるとかなり辛いので、調節しながら。体をあたためる作用もあります。

だしが決め手の汁物

# おなかがすいた時の
# ごはん・麺

おにぎり、炊き込みごはん、カレーうどんなど
いつもと違う主食にしてみてはいかが？
お酒の後に、小腹がすいた時にもぴったり

# おいしいごはんを炊くための
## 米の研ぎ方

ツヤツヤ、ふっくらおいしいごはんを炊くために
しっかり米の研ぎ方をマスターしましょう
米を磨くように、キュッキュッとリズムよく

**1** ボウルに米を入れて、水を加える。さっと混ぜたら、すぐに水を流し捨てる。

**2** 手を軽く握り、親指の付け根の辺り（掌）で、キュッキュッと米を磨くように、研ぐ。この時、米をくだかないように注意する。水を加えて、さっと混ぜて水を流し捨てる。これを2〜3回繰り返す。

この辺り

**3** 水の色が透明に近くなるまで、②の作業を2〜3回繰り返す。

**4** ③の米が流れ出ないように注意しながら、加えた水を流し捨てる。

## ごはんの保存方法

　たくさん炊いたごはんは、上手に保存しましょう。ごはんを冷ましてから、ラップに1回分ずつ包み、そのまま冷凍保存します。食べる時は、冷凍庫から出して、そのまま電子レンジに数分かけます。こうすれば、アツアツの炊きたてごはんが、すぐに味わえます。

## 基本のおにぎり
# 梅がつおのおにぎり

お弁当に、小腹がすいた時に活躍するおにぎり やっぱり手づくりが一番！

**材料 3個分**
- ごはん……………300g
- 塩……………小さじ1・1/4
- 水……………1/2カップ
- 梅干し……………1個
- かつおぶし……………2g
- しょうゆ……………1滴
- 焼きのり……………適量
- たくあん……………適量
- 野沢菜……………適量

**15分**

### 具の準備をする

1. 梅干しはタネを取り除き、包丁でたたいて細かくする。かつおぶしとしょうゆを加えて、混ぜ合わせる。

2. ボウルに塩と水を加えて、塩水をつくる。

### おにぎりをつくる

3. 手のひら全体に、②の塩水をつけ、100gのごはんをのせる。中央にくぼみをつくり①の1/3量をのせる。

4. ③を軽くにぎり、三角形をつくり、焼きのりをつける。

5. たくあん、野沢菜を食べやすい大きさに切る。④を皿に盛りつけ、漬物を添える。

# おにぎりの具のバリエーション

### 高菜とごまのおにぎり

**材料 3個分**
- ごはん……300g
- 塩……小さじ1・1/2
- 水……1/2カップ
- 高菜の漬け物……50g
- 白いりごま……小さじ1

**15分**

#### 具の準備をする
1. 高菜の漬物を、みじん切りにする。

#### おにぎりをつくる
2. ごはんに①の高菜の漬物と白いりごまを混ぜる。
3. ボウルに塩と水を加えて、塩水をつくる。
4. 手のひら全体に③の塩水をつけ、②をにぎる。

### 鮭としそのおにぎり

**材料 3個分**
- ごはん……300g
- 塩……小さじ1・1/2
- 水……1/2カップ
- 塩鮭切り身……1切れ
- 青じそ……5枚
- 白いりごま……大さじ1

**25分**

#### 具の準備をする
1. 塩鮭の切り身を焼き網で焼き、骨を取り除きながら、ほぐす。
2. 青じそは太い葉脈を取り、千切りにする。

#### おにぎりをつくる
3. ボウルに塩と水を加えて、塩水をつくる。
4. 手のひら全体に③の塩水をつけ、100gのごはんをのせる。中央にくぼみをつくり①の鮭と②の青じそ、白いりごまを適量のせ、にぎる。

### みそ焼きのおにぎり

**材料 3個分**
- ごはん……300g
- 塩……小さじ1・1/2
- 水……1/2カップ
- 梅干し……適量
- みそ……大さじ2
- 長ねぎ（みじん切り）……大さじ2

**20分**

#### 具の準備をする
1. みそと長ねぎのみじん切りを合わせる。

#### おにぎりをつくる
2. ボウルに塩と水を加えて、塩水をつくる。
3. 手のひら全体に、②の塩水をつけ、100gのごはんをのせる。中央にくぼみをつくり梅干しを入れてにぎる。
4. ③をオーブントースターで乾かすように焼く。
5. ④の両面に①のみそをぬり、もう一度オーブントースターで焼く。

手軽につくれるおにぎりだから、いろいろな具を楽しみたい
具を中に入れる、混ぜ込む、巻くなど、どれがお好みですか？

## 明太子と長ねぎのおにぎり

**材料 3個分**
- ごはん……………300g
- 塩……………小さじ1・1/2
- 水……………1/2カップ
- 明太子……………ひと腹
- 長ねぎ（みじん切り）……………10cm分

**15分**

### 具の準備をする

1. 明太子の薄皮を切り開いて、中身をこそげ出す。
2. ①に長ねぎのみじん切りを混ぜ合わせる。

### おにぎりをつくる

3. ボウルに塩と水を加えて、塩水をつくる。
4. 手のひら全体に、③の塩水をつけ、100gのごはんをのせる。中央にくぼみをつくり②を適量のせ、にぎる。

## とろろ昆布巻きのおにぎり

**材料 3個分**
- ごはん……………300g
- 塩……………小さじ1・1/2
- 水……………1/2カップ
- 梅干し……………適量
- とろろ昆布……………20g

**15分**

### おにぎりをつくる

1. ボウルに塩と水を加えて、塩水をつくる。
2. 手のひら全体に、①の塩水をつけ、100gのごはんをのせる。中央にくぼみをつくり梅干しを入れて、にぎる。
3. ②のまわりに、ごはんが隠れるようにとろろ昆布を巻く。

## シーチキンとマヨネーズのおにぎり

**材料 3個分**
- ごはん……………300g
- 塩……………小さじ1・1/2
- 水……………1/2カップ
- シーチキン……………80g
- マヨネーズ……………大さじ2
- 塩……………少々
- 万能ねぎ(小口切り)……大さじ1

**15分**

### 具の準備をする

1. 水気を切ったシーチキンをほぐして、マヨネーズ、塩少々、万能ねぎの小口切りを加えて、混ぜ合わせる。

### おにぎりをつくる

2. ボウルに小さじ1・1/2の塩と水を加えて、塩水をつくる。
3. 手のひら全体に、②の塩水をつけ、100gのごはんをのせる。中央にくぼみをつくり①を適量のせ、にぎる。

おなかがすいた時のごはん・麺

# 親子丼

半熟状のトロトロをごはんにのせて
ふんわり鶏肉のおいしさを味わいましょう

## 材料 1人分

- 鶏むね肉 ………… 50g
- 酒 ………… 小さじ1/3
- しょうゆ ………… 小さじ1/2
- たまねぎ ………… 1/4個
- みつば ………… 5g
- 卵 ………… 1個
- だし汁 ………… 大さじ3
- しょうゆ ………… 大さじ1
- みりん ………… 大さじ1/2
- 砂糖 ………… 小さじ1
- 酒 ………… 大さじ1/2
- ごはん ………… 1膳（丼）

10分

### 材料の準備をする

**1** 鶏むね肉をひと口大のそぎ切りにして、小さじ1/3の酒、小さじ1/2のしょうゆで下味をつける。

**2** たまねぎは薄皮をむき、根と先を切り、薄切りにする。

**3** みつばは水で洗って、水気を切り、2～3cm長さに切る。

**4** 卵は割り、卵白を切るようにほぐす。

**5** 丼にごはんを盛る。

### 煮る

**6** 親子丼用の鍋、または小さめのフライパンにだし汁、大さじ1のしょうゆ、みりん、砂糖、大さじ1/2の酒を入れて、中火にかけ、②のたまねぎを加える。

**7** ⑥の鍋に①の鶏むね肉を重ならないように加えて、中火で火を通す。

### 卵でとじる

**8** ⑦の鶏むね肉に火が通ったら、④の卵の半量を加えて、卵とじにして、③のみつばを散らす。

**Point** 卵は2回に分けて入れる

**9** ⑧に残りの卵液を全体に加えて、蓋をする。半熟状になったら、火からはずし、⑤のごはんの上にのせる。

# 三色丼

黄色、緑色、茶色の三色で色鮮やか
見た目もとってもおいしそう

**材料 2人分**
- 鶏ひき肉……150g
- しょうゆ……大さじ1
- 砂糖……大さじ1/2
- しょうが汁……少々
- 卵……3個
- 砂糖……大さじ2
- 塩……少々
- いんげん……40g
- 塩……小さじ1/2
- だし汁……大さじ3
- 砂糖……小さじ1
- 塩……少々
- 甘酢しょうが……20g
- ごはん……2膳（丼）

**25分**

### 鶏そぼろをつくる

1. 鶏ひき肉を鍋に入れる。しょうゆ、大さじ1/2の砂糖、しょうが汁をからめ、火にかける。

2. ①を中火で、炒りつけるように、汁気がなくなるまで炒る。

### 炒り卵をつくる

3. 卵を割りほぐし、大さじ2の砂糖、塩少々を加え混ぜる。

4. 鍋に③の卵液を入れ、中火にかける。さいばしを数本持って、かき混ぜながら、時々火からはずして、少ししっとりとした炒り卵をつくる。

### いんげんを準備する

5. いんげんの筋を取り、小さじ1/2の塩をまぶして、熱湯で茹でる。水にさらしてから、斜めの薄切りにする。

6. 鍋にだし汁、小さじ1の砂糖、塩少々を入れて強火にかける。沸騰したら火からおろして、冷まし、⑤のいんげんを加えて、浸ける。

### 盛りつける

7. 丼にごはんを盛りつけ、②の鶏そぼろ、④の炒り卵、⑥のいんげんをのせ、甘酢しょうがを添える。

# 五目炊き込みごはん

鶏肉や野菜のおいしさがしみ込んだごはん
炊きたてもよいけれど、冷めてもおいしい

## 材料 2人分

| | |
|---|---|
| 米 | 3カップ |
| 水 | 2カップ |
| 塩 | 小さじ1 |
| 鶏むね肉 | 100g |
| にんじん | 1/2本 |
| 干ししいたけ | 4枚 |
| ごぼう | 1/4本 |
| 白こんにゃく | 1/3丁 |
| だし汁 | 2カップ |
| 酒 | 大さじ2 |
| 砂糖 | 大さじ1 |
| しょうゆ | 大さじ1・1/2 |
| さやえんどう | 20g |
| 塩 | 適量 |

50分

### 米を研ぐ

**1** 米は研ぎ、水切りをして、2カップの水に浸す。

### 材料の準備をする

**2** 鶏むね肉を1cmの角切りにする。干ししいたけは、水で戻して、石づきを取り、千切りにする。

**3** ごぼうは皮をこそげ落とし、太い部分に切り込みを入れて、削るようにささがきにしたら水に放してアクを取る。

**4** にんじんは皮をむいて、1cm幅、2cm長さの短冊切りにする。

**5** 白こんにゃくを1cm幅、2cm長さの短冊切りにして、湯通しをする。沸騰した湯に塩（適量）を加え、さやえんどうを茹でる。水にさらしてから、1cm幅に切る。

### 煮る

**6** 鍋に②の鶏むね肉、しいたけ、③のごぼう、④のにんじん、⑤の白こんにゃく、だし汁を入れて強火にかけて沸騰させ、アクを取る。

**7** ⑥を中火にして、酒、砂糖、しょうゆを加える。鶏むね肉に火が通り、にんじん、ごぼうがやわらかくなるまで煮る。

### Point 煮汁は取っておく

**8** ⑦をザルなどで具と煮汁と分ける。煮汁は捨てないで、取っておく。

### Point 煮汁をはかる

**9** 計量カップに⑧の煮汁を入れる。1.3カップになるように、不足分は水（分量外）を足す。

### 炊く

**10** ①の米に小さじ1の塩を加えて、⑨の煮汁を加える。全体を混ぜ合わせたら、⑧の煮た具を加えて、炊く。

**11** ⑩が炊きあがったら、10分蒸らし、⑤のさやえんどうを全体に混ぜ合わせる。

おなかがすいた時のごはん・麺

# 栗ごはん

栗を焼いてから炊く、ホクホクごはん
モチモチしたごはんにぴったり

## 材料 2人分

- 米‥‥‥‥‥2カップ
- もち米‥‥‥‥1カップ
- 水‥‥‥‥‥3カップ
- 栗（皮付き）‥‥‥300g
- 塩‥‥‥‥‥小さじ1
- しょうゆ‥‥‥大さじ1
- 砂糖‥‥‥‥大さじ1
- 酒‥‥‥‥‥大さじ2
- 黒いりごま‥‥‥‥適量

**50分**

### 米を研ぐ

**1** 米ともち米を研ぎ、水切りをしたら、分量の水に浸ける。

### 栗の準備をする

**Point 切り込みを入れる**

**2** 栗は焼いている時に、はねないように、1ヶ所切り込みを入れる。

**3** 焼き網の上に②の栗をのせ、強火で充分に焼く。

**4** ③の栗を布巾などでくるみながら、ひねり、皮と薄皮をむく。

### 炊く

**5** ①の米に塩、しょうゆ、砂糖、酒、④のむいた栗を加えて、混ぜ、炊く。

**6** ⑤が炊けたら、10分くらい蒸らす。器に盛りつけ黒いりごまを散らす。

# いなり寿司

油揚げにだし汁をたっぷり含ませて
寿司めしを詰めたいなり寿司　いくつでも食べられちゃう

**材料　2人分**

- 米……………2カップ
- 水……………2カップ
- 昆布…………5cm角1枚
- 酢……………大さじ3
- 砂糖…………大さじ1・1/3
- 塩……………小さじ1
- 油揚げ………10枚
- だし汁…2〜2・1/2カップ
- 砂糖…………大さじ5
- しょうゆ……大さじ3
- 白いりごま…大さじ1
- 甘酢しょうが………50g

**60分**

### 米を研ぐ
1. 米を研ぎ、水切りをして、分量の水に30分浸ける。

2. 昆布についている砂などを布巾ではらい落として、①の米の中に入れて、炊く。

### 合わせ酢をつくる
3. ボウルに酢、大さじ1・1/3の砂糖、塩を入れる。砂糖と塩をよく溶かし、合わせ酢をつくる。

### 寿司めしをつくる
4. ②のごはんを飯台又はバットなどに広げ、③の合わせ酢をふりかけ、ごはんに吸わせる。

5. ④のごはんを木杓子で切るように混ぜ、さらに白いりごまを混ぜ、20個に分けて丸める。

### 油揚げの準備をする
6. 油揚げは袋になりやすいように、めん棒などを表面に転がす。半分に切り、手で袋に開く。もう半分は裏返しにする。

7. 鍋に⑥を並べ、水を入れて、強火にかける。沸騰したら弱火にして、5分くらい茹でたら、水切りをする。

### 煮る
8. 鍋に⑦の油揚げを並べて、分量のだし汁を入れて強火にかける。沸騰したら弱火にして、大さじ5の砂糖、しょうゆを2〜3回に分けて加える。

9. ⑧を20〜30分煮て火を止める。煮含めたらそのまま冷ます。

### 寿司めしを詰める
10. ⑨の油揚げの煮汁を軽く絞り、⑤の寿司めしを詰める。

### 盛りつける
11. ⑩を皿に盛りつけ、甘酢しょうがを添える。

# ちらし寿司

黄色、ピンク色、緑色の春らしい、さわやかな色合いおもてなしの一品や、行楽などのお弁当にいかが

## 材料 2人分

- 米……………………3カップ
- 水……………………3カップ
- 昆布…………5cm角2枚
- 酢……………………大さじ4
- 砂糖…………………大さじ2
- 塩…………………小さじ1・1/2
- かんぴょう………………15g
- 塩……………………適量
- 干ししいたけ……………4枚
- 干ししいたけの戻し汁
  　　　　　　……1・1/2カップ
- しょうゆ……………大さじ2
- 砂糖…………………大さじ4
- にんじん………………100g
- だし汁………………1カップ
- 砂糖…………………小さじ2
- 塩……………………小さじ1/5
- れんこん………………100g
- だし汁………………大さじ3
- 砂糖…………………大さじ1
- 塩……………………小さじ1/2
- 酢……………………大さじ1
- 卵………………………3個
- 塩……………………少々
- サラダ油………………適量
- うなぎ蒲焼き…………100g
- みつば…………………30g
- 甘酢しょうが…………40g
- さやえんどう…………20g
- 塩……………………小さじ1/2
- だし汁………………1/2カップ
- 砂糖…………………大さじ1/2
- 塩……………………ひとつまみ

**40分**

### かんぴょうと干ししいたけを煮る

**1** かんぴょうを水で洗い、塩（適量）をまぶす。もみ洗いして塩を洗い流し、水気を絞る。

**2** 干ししいたけは、水で戻して、石づきを取る。戻し汁は取っておく。

**3** 鍋に①のかんぴょうと、ひたひたになるくらいの水を入れて強火にかける。沸騰したら中火にし、茹でる。

**4** ③のかんぴょうが少しやわらかくなったら、②のしいたけと干ししいたけの戻し汁を加えて、強火で沸騰させる。

**5** ④を中火にして4〜5分煮たら、しょうゆ、大さじ4の砂糖を加え、汁気がなくなるまで煮る。

**6** ⑤のしいたけは千切り、かんぴょうは1cm幅に切る。

### にんじんを煮る

**7** にんじんは皮をむいて、2cm長さ、1cm幅の短冊切りにする。

**8** 鍋に⑦のにんじんを入れ、だし汁1カップを加えて火にかける。2〜3分中火で煮たら小さじ2の砂糖、小さじ1/5の塩を加える。やわらかくなったら、煮含めて、汁気を切る。

### れんこんを煮る

**9** れんこんは皮をむいて、薄切りにして、水で洗う。

**10** 鍋に水を入れて火にかけ、小さじ1の酢（分量外）を加える。沸騰したら⑨のれんこんをさっと茹で、水で洗う。

**11** 鍋に大さじ3のだし汁、大さじ1の砂糖、小さじ1/2の塩、大さじ1の酢を加えて強火で沸騰させ、⑩を加えて、炒り煮する。

# だいこんの葉と じゃこのごはん

## 錦糸卵をつくる
**12** 卵は割りほぐし、塩少々を加えて混ぜ、卵焼き器にサラダ油をひき、薄焼き卵をつくる。

**13** ⑫の薄焼き卵を千切りにして、錦糸卵をつくる。

## 他の材料を準備する
**14** さやえんどうは、沸騰した湯に小さじ1/2の塩を加えて茹でたら水にさらしておく。鍋に1/2カップのだし汁、大さじ1/2の砂糖、塩ひとつまみを入れて煮たたせ、準備したさやえんどうを加えて煮てから、千切りにする。

**15** みつばをゆがいて、水にさらし、1cm幅に切る。うなぎの蒲焼きは串を抜き、1cm幅に切る。

## 炊く
**16** 米は研ぎ、水気を切って、砂などをはらい落とした昆布と分量の水で炊く。

## 合わせ酢をつくる
**17** 大さじ4の酢、大さじ2の砂糖、小さじ1・1/2の塩を混ぜ合わせて、合わせ酢をつくる。

## 寿司めしをつくる
**18** ⑯のごはんを飯台又はバットなどに広げ、⑰の合わせ酢を加えて、切るように混ぜる。

**19** ⑱の寿司めしに、⑥、⑧、⑪の一部、⑮を混ぜ込んだら皿に盛りつけ、⑬を飾る。残りのれんこんを散らして⑭を飾り、甘酢しょうがの千切りを散らす。

だいこんの葉と
じゃこを混ぜるだけ
さっとつくれる
栄養満点のごはん
だいこんの葉の水気を
しっかり絞るのがポイント

**材料 2人分　10分**

| | |
|---|---|
| ごはん | 500g |
| じゃこ | 大さじ4 |
| だいこんの葉 | 100g |
| 塩 | 小さじ1/2 |

## 材料の準備をする

**Point　しっかりと水気を切る**

**1** だいこんの葉を小口切りにして、塩をふり、しんなりさせたら、充分に水気を絞る。

## 混ぜる
**2** ボウルにごはんを入れて、①のだいこんの葉とじゃこを入れて、全体を混ぜ合わせる。

# こしがあって、おいしい麺類
## 麺の茹で方

うどん、そば、そうめんは
手軽につくれて忙しい時に大活躍
茹であがったら、こしを強くするために、
もみ洗いをするのがポイント

**1** 大きめの鍋にたっぷりの水を入れて、強火で沸騰させ、麺を全体に入れる。

**3** 麺が茹であがったら、水にさらし、もみ洗いをして、こしを強くする。

**2** 麺がかたまらないように、さいばしなどで混ぜながら茹でる。沸騰してきたら差し水をする。

## 麺類の保存方法

　残ってしまった麺類は、上手に保存して、いつまでもおいしくいただきましょう。
　箱に残っているそうめんは、箱に入れたまま、冷暗所で保存します。カビが発生しないように、時々、風通しのよい場所で、陰干しをしましょう。
　袋に残ったうどんやそばは、湿気が苦手なので、袋の口をしっかりと閉めて、缶などに入れて、冷暗所で保存します。
　麺類は、湿気が苦手なので、なるべく空気が触れないように保存するようにし、できるだけ早く使うようにしましょう。

# カレーうどん

片栗粉でとろみをつけた
体があたたまる、具だくさんうどん

| 材料 2人分 | |
|---|---|
| うどん(乾麺) | 200g |
| 豚薄切り肉 | 120g |
| たまねぎ | 1個 |
| にんじん | 1/3本 |
| 長ねぎ | 1/2本 |
| サラダ油 | 大さじ1 |
| カレー粉 | 大さじ1・1/2 |
| だし汁 | 2・1/4カップ |
| しょうゆ | 大さじ4 |
| 砂糖 | 大さじ3 |
| 片栗粉 | 大さじ1・1/2 |
| 水 | 大さじ3 |

20分

## 材料の準備をする

**1** 豚薄切り肉を、ひと口大の食べやすい大きさに切る。

**2** にんじんは皮をむいて、半月の薄切りに、たまねぎは薄皮をむき、根と先を切り、2cm幅のくし型に切る。長ねぎは小口切りにする。

**3** 片栗粉と水を混ぜて、水溶き片栗粉をつくる。

## 炒める

**4** 鍋にサラダ油を入れて、強火で①の豚薄切り肉を炒める。肉の色が白っぽくなってきたら、カレー粉を加えてさらに炒める。

## 煮る

**5** ④の鍋に②のにんじん、たまねぎ、だし汁を加えて、強火にかける。沸騰したら中火にする。

**Point 水溶き片栗粉は混ぜながら加える**

**6** ⑤のにんじんに火が通ったら、しょうゆ、砂糖を加えて、味をつける。③の水溶き片栗粉を混ぜながら加えて、とろみをつける。

## うどんを茹でる

**7** 鍋にたっぷりの水を入れて強火にかける。沸騰したら、うどんを入れる。

**8** ⑦のうどんをほぐすようにして混ぜる。沸騰してきたら、差し水をする。これを2～3回繰り返す。

**9** ⑧のうどんがゆであがったら、水にさらし、よく洗い流し、水気を切る。

## 盛りつける

**10** ⑨のうどんを湯にくぐらせて、温める。水気を切ってから器に入れる。⑥のあんをかけ、②の長ねぎを散らす。

おなかがすいた時のごはん・麺

# 卵そうめん

ツルツルのどごしのよい
そうめん
お酒の後に、
胃にやさしい一品

**材料 2人分 15分**

| | |
|---|---|
| そうめん(乾麺) | 200g |
| 卵 | 2個 |
| にら | 1束 |
| だし汁 | 1・1/2カップ |
| 塩 | 小さじ1/3 |
| みりん | 小さじ2 |
| しょうゆ | 小さじ1 |

### 材料の準備をする

**1** 卵は割りほぐす。にらは水で洗い、水気を切って、7〜8mm幅の小口切りにする。

### そうめんを茹でる

**2** 鍋にたっぷりの水を入れて強火にかける。沸騰したら、そうめんを入れて、差し水をしながら、茹でる。

**3** ②のそうめんを水にさらし、水の中でよくもみ洗いをし、水気を切る。

### 煮る

**4** 鍋にだし汁を入れて強火にかける。塩、みりん、しょうゆで味をつけ、③のそうめんを加えたら、中火で再沸騰させる。

**5** ④が沸騰してきたら、にらを加え、その後①の卵を加えて、とじる。

# 焼きうどん

うどんにしょうゆとかつおぶしをからめて
味をつけておくのが、ポイント

**材料 2人分**

| | |
|---|---|
| うどん（乾麺） | …200g |
| しょうゆ | …大さじ1 |
| かつおぶし | …5g |
| 豚薄切り肉 | …100g |
| キャベツ | …200g |
| もやし | …100g |
| にんじん | …1/4本 |
| ピーマン | …2個 |
| サラダ油 | …大さじ1〜2 |
| しょうゆ | …大さじ1 |
| 塩 | …小さじ1/2 |
| 紅しょうが | …適量 |
| かつおぶし（盛りつけ用） | …適量 |

**15分**

### Point 下味をつける

**2** ①のうどんをボウルに入れる。しょうゆとかつおぶしを加えて、よくからめ下味をつける。

### うどんを茹でる

**1** 鍋に水を入れて強火にかける。沸騰したら、うどんを加えて、差し水をしながら、茹でる。茹であがったら水にさらし、もみ洗いをする。

### 材料の準備をする

**3** 豚薄切り肉をひと口大の食べやすい大きさに切る。

**4** にんじんは皮をむいて、薄い輪切りにする。キャベツは水で洗い、5cm角に切る。

**5** もやしの根を取り除く。ピーマンは水で洗い、タネを取り、輪切りにする。

### 炒める

**6** フライパンにサラダ油を入れて強火にかけ③の豚薄切り肉を炒め、白っぽくなってきたら、④のにんじん、キャベツを加える。

**7** ⑥のフライパンに⑤のもやし、ピーマンを加えて強火で炒める。

**8** ⑦のフライパンに②のうどんを加えて、さらに炒めたら、しょうゆ、塩で味をつける。

### 盛りつける

**9** 皿に⑧のうどんを盛りつける。かつおぶしをかけ、紅しょうがを添える。

# 薬味そば

8種類の薬味の
ボリュームたっぷりのそば
お腹が満足すること間違いなし

### 材料 2人分

- そば（乾麺）………200g
- だし汁…………1カップ
- みりん………1/4カップ
- しょうゆ……1/4カップ
- 卵………………………2個
- 塩………………………少々
- サラダ油……………適量
- うなぎ蒲焼き…………1串
- 豚薄切り肉………100g
- 砂糖……………大さじ1
- しょうゆ………大さじ1
- 長ねぎ………………1/2本
- わさび…………………適量
- 青じそ…………………4枚
- 白いりごま……………適量
- 七味唐辛子……………適量

30分

### 薬味の準備をする

1. 卵は割りほぐし、塩を加えて混ぜる。

2. フライパンにサラダ油を入れて中火にかけ、①の卵液を流し入れ、薄焼き卵をつくる。焼きあがったら、千切りにして、錦糸卵をつくる。

3. うなぎ蒲焼きの串をはずして、1cm幅に切る。

4. 豚肉は繊維に沿って、3～4cm長さの千切りにする。砂糖と大さじ1のしょうゆをからめる。

5. 鍋に④の豚薄切り肉を入れ、さいばしでほぐすようにしながら強火で火を通し、汁気がなくなるまで炒りつける。

6. 長ねぎは小口切りにする。青じそは太い葉脈を取り、千切りにする。わさびは皮をむいて、おろす。

### つゆをつくる

7. 鍋にみりんを入れ、強火で沸騰させ、アルコール分を飛ばし、だし汁と1/4カップのしょうゆを加え再沸騰させる。

### そばを茹でる

8. 鍋にたっぷりの水を入れて強火にかける。沸騰したら、そばを入れ、さいばしでほぐし、差し水をしながら茹でる。

9. 茹であがったら水にさらし、水の中でもみ洗いをして、水気を切る。

### 盛りつける

10. ②、③、⑤、⑥、の薬味、白いりごま、七味唐辛子、⑦のつゆ、⑨のそばを盛りつける。

### 材料の準備をする

1. 油揚げは湯通して、水気を切り、大きめの三角形に切る。
2. 生しいたけは石づきを取り、1cm幅に切る。
3. しめじは根の部分を切り、小房に分ける。
4. なめこはさっと水で洗って、水気を切る。
5. えのきだけは根の部分を取り、2つに切る。
6. しょうがは皮をむいて、すりおろし、しょうが汁を取る。

### 煮る

7. 鍋にだし汁、みりん、しょうゆ、酒を入れて強火で沸騰させる。
8. ⑦の鍋に①の油揚げ、②〜⑤のきのこ類を加えて、火が通るまで煮る。
9. ⑧の鍋に⑥のしょうが汁を加えて、混ぜる。

### そばを茹でる

10. 鍋にたっぷりの水を入れて強火にかける。沸騰したら、そばを入れて、ほぐす。
11. ⑩に2〜3回差し水をして、茹でる。茹であがったら、水にさらし、水の中でもみ洗いして、水気を切る。

### 盛りつける

12. 器に⑪のそばを入れ、⑨のきのこ汁をたっぷりかける。

# きのこそば

数種類のきのこをさっと煮て油揚げを加えたらしょうが汁で味をひきしめますきのこの旨みを楽しみましょう

**材料 2人分**

- そば（乾麺）……200g
- だし汁……3カップ
- みりん……1/2カップ
- しょうゆ……1/2カップ
- 酒……1/4カップ
- 油揚げ……1枚
- 生しいたけ……4枚
- しめじ……1/2パック
- なめこ……1袋
- えのきだけ……1袋
- しょうが……1かけ

25分

おなかがすいた時のごはん・麺

# Index

## 野菜を中心にした料理

**あ** 浅漬け・・・66、110
　　アスパラガスのごまマヨネーズ和え・・・62
**か** かぼちゃの煮物・・・20、107
　　切り干しだいこんの煮物・・・21、111
　　きんぴらごぼう・・・22、109
　　こまつなのお浸し・・・64
　　こまつなの煮浸し・・・65、106
**さ** さといもの煮物・・・23
　　しいたけとこんにゃくの煮物・・・71
　　白和え・・・70
**た** だいこんのサラダ・・・74、107
　　筑前煮・・・16、106
　　つまみなのお浸し・・・65
**な** なすといんげんのごまみそ和え・・・63、108
　　なすの辛子酢漬け・・・73
　　肉じゃが・・・14
　　にんじんのサラダ・・・78
　　ぬた・・・63
**は** ひじきの五目煮・・・18、105
　　ひじきのサラダ・・・68
　　ブロッコリーのかにあんかけ・・・76、105
　　ふろふきだいこん・・・26
　　ほうれん草のごま和え・・・60
**や** 焼きなす・・・77
　　やまいもの梅和え・・・72
　　やまかけ・・・79
**ら** れんこんのきんぴら・・・67
　　れんこんの挟み揚げ・・・75
**わ** わかめときゅうりの酢和え・・・69、104

## 肉を中心にした料理

**あ** 揚げ豚の薬味ソースがけ・・・105
**か** 牛肉とごぼうの煮物・・・35
　　串揚げ・・・107
**さ** ささみのレモン和え・・・85
**た** 手羽先とじゃがいもの煮物・・・36
　　鶏つくねの照り焼き・・・87
　　鶏肉のおろし煮・・・86
　　鶏肉のから揚げ・・・30
　　とんかつ・・・34
**は** 豚しゃぶのサラダ・・・88
　　豚肉のアスパラガス巻き・・・82
　　豚肉のしょうが焼き・・・28
　　豚の角煮・・・32
　　ベーコンともやしのカレー風味和え・・・89
**ま** 蒸し鶏のサラダ・・・84
**わ** 和風ハンバーグ・・・80

## 魚介を中心にした料理

**あ** あさりの酒蒸し・・・91
　　あじの塩焼き・・・38
　　あらとごぼうの炊き合わせ・・・111
　　いわしの梅煮・・・44
　　いわしの蒲焼・・・108
　　いわしのつみれ汁・・・42
　　おでん・・・24
**か** 貝柱とかぶ和え・・・92、109
　　かにとわかめのサラダ・・・93
　　金目鯛の煮つけ・・・46
**さ** 魚のホイル焼き・・・110
　　さばのみそ煮・・・40

鮭の塩焼き…104
**た** たこときゅうりの酢和え…90
**は** ぶりの照り焼き…106
**わ** わかさぎの南蛮漬け…45、109

## 大豆加工食品を中心にした料理

**あ** 揚げだし豆腐…53
厚揚げのみそ炒め…97、104
うの花…50、108
おからコロッケ…95
**か** がんもどきとさつまいもの煮物…96
高野豆腐…52
**さ** 白和え…70
**た** 豆腐ステーキのきのこソースがけ…94
豆腐のサラダ…98
**な** 納豆おくら和え…99
肉豆腐…48、110

## 卵を中心にした料理

**あ** 温泉卵…102
**か** かに玉風卵焼き…57
**さ** 桜えびの炒り卵…101
**た** だし巻き卵…56
卵豆腐…100
茶わん蒸し…54
**は** ほうれん草入り卵焼き…57、111
**ま** 目玉焼き…58

## ごはん、丼

**あ** 梅がつおのおにぎり…125
いなり寿司…133
親子丼…128
**か** 栗ごはん…132
五目炊き込みごはん…130
**さ** 鮭としそのおにぎり…126
三色丼…129
シーチキンとマヨネーズのおにぎり…127
**た** 高菜とごまのおにぎり…126
だいこんの葉とじゃこのごはん…135
ちらし寿司…134
とろろ昆布巻きのおにぎり…127
**ま** みそ焼きのおにぎり…126
明太子と長ねぎのおにぎり…127

## 汁物

**あ** あさりのみそ汁…110、121
油揚げとこまつなのみそ汁…107
**か** かき卵汁…105、121
けんちん汁…119
**さ** さといもとたまねぎのみそ汁…108、120
じゃがいもとしいたけのみそ汁…111、120
**た** 豆腐とわかめのみそ汁…106、118
豚汁…104、121
**わ** 和風ポトフ…109

## 麺

**か** カレーうどん…137
きのこそば…141
**た** 卵そうめん…138
**や** 焼きうどん…139
薬味そば…140

**監修者　渡邊香春子**
わたなべかずこ

『スパイスセブン』代表。女子栄養短期大学卒業後、料理教室の講師を務めながら、テレビの料理番組や、雑誌などで活躍。和食はもちろん、中華、洋食、お菓子まで幅広く料理を提案。とくに誰にでも親しみのあるお惣菜が得意。現在、料理番組、テレビドラマの料理作成などで活躍中。監修に『お菓子の基礎』『お正月料理88メニュー』(ブティック社刊)などがある。

---

お料理はじめて～和食編～

| | |
|---|---|
| 監修者 | 渡邊香春子 |
| 発行者 | 富永　靖弘 |
| 印刷所 | 慶昌堂印刷株式会社 |

発行所　東京都台東区台東4丁目7　株式会社 新星出版社
〒110-0016　☎03(3831)0743　振替00140-1-72233
URL http://www.shin-sei.co.jp/

©Shinsei Publishing. co. jp　　　Printed in Japan

ISBN4-405-09074-2